LA
MORT
ET LA
VIE FUTURE

—

DISCOVERY PUBLISHER

Auteur : Maurice Magre

DISCOVERY PUBLISHER

616 Corporate Way
Valley Cottage, New York, 10989
www.discoverypublisher.com
livres@discoverypublisher.com
facebook.com/DiscoveryPublisher
twitter.com/DiscoveryPB

New York • Tokyo • Paris • Hong Kong

TABLE DES MATIÈRES

LA
MORT
ET LA
VIE FUTURE

—

Préface

J'aspire à rendre les hommes joyeux par la compréhension de la mort. J'aspire à reculer les perspectives bornées de leur avenir, jusqu'à des milliards de siècles. J'aspire à multiplier le trésor intérieur de chacun. Je veux que le malade cesse de craindre, que le vieillard pense à sa future jeunesse, que l'agonisant remercie à cause de la lumière prochaine, et que les familles chantent avec joie dans les cérémonies mortuaires.

Je connais la vanité de ma prétention. Je sais que les créatures humaines portent en elles leur doute initial avec la ferveur de celui qui porte un Saint-Sacrement dans une procession.

Je sais que dès qu'il s'agit de la vie subtile de l'au-delà, on réclame aussitôt des preuves matérielles de cette existence qui ne comporte pas de matière. Je sais que l'homme est comme un aveugle à qui on décrit vainement les beaux paysages qui sont devant ses yeux et qui ne croit qu'à la parcelle de substance touchée par sa main. Aussi je ne présenterai aucune preuve décisive, aucun argument péremptoire pour la joie illimitée que je promets, je n'offrirai aucun breuvage de certitude, aucun nectar de démonstration mathématique, je n'apporterai rien, que le témoignage d'un homme sincère.

Je n'écris pas pour les savants hallucinés par la lumière de leur science, pour les ecclésiastiques qu'écrase la calotte d'airain du dogme, ni pour ceux qui se nomment occultistes et se sont perdus à travers le néant de leurs secrets. Je n'écris pas pour ceux qui sont indifférents, pour ceux qu'a rendus myopes la jouissance quotidienne de la vie, ni pour les stupides qui chérissent leur ignorance, ni pour les trop intelligents qui savent toute chose. Je n'écris pas pour ceux qui sont respectueux des vieux usages et des antiques pensées, pour les pères de famille, pour les prédicateurs de salon, d'église ou de café, pour les glorificateurs de la vie moderne ou même de la vie tout court. Je n'écris pas pour les défenseurs de l'ordre, ni pour ceux qui veulent le détruire. Je n'écris pas pour les riches parce que la parole ne traverse pas l'obstacle de la possession. Je n'écris pas pour les pauvres qui n'aspirent qu'à manger davantage et à dormir plus longtemps. J'écris pour les autres et peut-être sont-ils peu nombreux.

Et peut-être ne me croiront-ils pas. C'est le geste du messager qui donne de la valeur au message. On connaît le sens des paroles par la bouche qui va les prononcer. Je ne me suis pas revêtu de la robe immaculée et de la mitre hiéroglyphique d'un annonciateur vénérable de la mort. Pour n'avoir pas su paraître important, il est possible qu'on doute de moi. Je transmettrai pourtant le message.

Ceux qui l'entendront pour la première fois diront sans doute qu'ils l'ont connu de tout temps et qu'il est vieux comme le monde. C'est à son âge, en effet, qu'on reconnaît l'excellence d'une vérité. Pure comme le diamant, polie comme le cristal de roche, fluide comme la lumière solaire du matin, telles sont les vertus de cette vérité. Elle repose au fond du cœur de chaque homme, mais il faut l'arracher de la dure terre de l'ignorance. Elle dormait en moi et elle s'est éveillée. Je ne sais en quel temps de ma vie la semence en fut déposée, ni si ce fut par une main de semeur, ou par un courant cosmique chargé de féconder les âmes. Mais cette semence est éclose. Elle a grandi, elle est comme un arbre qui ouvre ses branches, me fait de l'ombre et me protège.

Je suis assis sous l'arbre de la certitude joyeuse. La connaissance de la mort est la plus grande sagesse de la vie. Plusieurs Sphinx n'ont souri et m'ont parlé bienveillamment. D'autres, qui se tiennent encore sur les hauteurs descendront peut-être vers moi.

J'ai appris dans quelle direction le fleuve du mal prenait sa source et j'ai pu sans danger contempler ses eaux azuréennes où passent des poissons aveugles et des cadavres avec des bustes de sirènes. J'ai découvert que je nourrissais en moi sans le savoir le monstrueux dragon de l'égoïsme. J'ai voulu le chasser et j'ai compris que c'était impossible et qu'il était puissant et beau. J'ai été triste d'abord, puis j'ai réfléchi que le sort des monstres était de périr tôt ou tard, le cœur traversé par une pensée d'amour.

A travers la béatitude de la compréhension, j'ai vu que sur la balance de la destinée chaque bonheur avait un contrepoids exact d'intelligence.

J'ai appris que le poison de la terre venait de la pourriture de l'hypocrisie et que l'antique Satan était toujours à côté de nous, habillé en homme de bien. Avec allégresse, j'ai entendu autour de moi le craquement des sociétés pourries près de s'écrouler. J'ai goûté un bonheur sans fin à sentir mon âme s'élargir, à voir les étoiles mille fois plus nombreuses qu'avant et la multiplication des systèmes solaires dans des espaces qu'il me sera donné de traverser. Je dois tout cela à la connaissance de la mort.

Louange à la mort qui lorsqu'on médite sur elle se dépouille de ses oripeaux funéraires, laisse tomber ses ossements de parade pour prendre le corps de la beauté et le visage de l'espérance !

De la Nécessité d'Étudier la Mort

Je me suis étonné d'avoir pu traverser la vie sans être préoccupé par la connaissance de la mort. Je me suis étonné d'avoir eu tant d'insouciance, ou plutôt tant d'indifférence. Ainsi des êtres chers avaient cessé de vivre à côté de moi et je n'avais rien fait pour savoir comment s'était transformée l'essence de leur être ! Je les avais laissés s'éloigner dans l'opacité des ombres sans chercher à saisir le fil couleur de soleil qui aurait pu m'unir à eux.

Je me suis étonné aussi du petit nombre de gens qui avaient une préoccupation semblable à la mienne.

J'ai remarqué que, d'une façon générale, les individus pouvaient se diviser en deux classes, selon qu'ils étaient tournés vers l'au-delà où qu'ils avaient de l'au-delà une épouvante instinctive et se contentaient des phénomènes qui tombent sous les sens.

J'aime ceux qui pensent à la mort. A la mort de ceux qu'ils ont aimés et à leur propre mort. Ils forment une famille peu nombreuse dont les membres se reconnaissent aux premières paroles qu'on échange avec eux. Ils ne sont ni plus intelligents ni plus vertueux au sens étroit du mot. Comme j'ai pu l'observer pour moi-même, l'étude de la mort développe certaines qualités qu'on peut aussi bien nommer morales qu'immorales, mais qui sont le signe d'une certaine diminution de l'égoïsme. On ne peut pas dire qu'ils soient plus susceptibles de bonnes actions. Ils ne sont pas moins que les autres attachés au plaisir et parfois ils le sont davantage. Ils ressemblent à des hommes qui auraient respiré une fois le parfum d'une déesse et ne pourraient l'oublier.

Mais il ne faut pas rechercher le secret de la mort à cause de la terreur qu'on en éprouve. Il ne se révèle pas à vous.

La terreur qu'inspire la mort est le résultat de la plus basse superstition. Beaucoup de gens se mettent à redouter les êtres qu'ils aimaient et qu'ils ont perdus, à partir du moment où ils viennent de se dépouiller de la plus petite possibilité d'être redoutables. Ce n'est ni par curiosité, ni par crainte, mais par amour des autres qu'il faut regarder du côté de la mort. Et il se produit alors un phénomène inattendu. On voit très loin dans ce domaine inexploré et plus on regarde d'un cœur sincère, plus la vue est illimitée.

Ainsi, il m'est advenu, en fixant dans la méditation le problème de la mort, de voir surgir en moi des vérités qui m'étaient inconnues et contredisaient tout ce que j'avais cru jusqu'alors. Aucune preuve ne les confirmait. Pourtant elles revêtaient un caractère indiscutable et il m'aurait semblé risible de les mettre en doute.

* * *

Il y a eu un jour où il m'est apparu avec netteté que je devais découvrir cette clef magique qui est le secret de la mort.

Je considérai que la douleur était répandue sur la terre dans une proportion infiniment plus vaste que la joie. Ce qu'il était convenu d'appeler la joie de vivre n'était qu'une joie instinctive de respirer, de manger et de satisfaire des instincts sexuels. Mais dès que l'intelligence se manifestait, la pitié apparaissait en même temps. On pouvait mesurer la valeur morale de quelqu'un à sa capacité de pitié. Il ne serait pas possible à un homme vraiment supérieur, c'est-à-dire totalement pitoyable de supporter l'existence. C'est que notre vie représentait un ordre inférieur, qu'elle se déroulait dans les bas-fonds de la création, dans une sorte d'enfer cosmique. L'essentiel était d'en sortir.

Je voulais avoir une révélation immédiate sur le mode de départ, être fixé en quelques heures sur la destinée humaine. Or, il n'existe pas de livre où soit énoncée clairement cette révélation. Il n'existe sans doute pas d'homme qui puisse la donner oralement. Cela est du reste mystérieux. Peut-être est-ce une loi primordiale de l'ordre universel, une de ces bizarres lois qui nous régissent, que l'homme ne doive pas connaître sa destinée après la mort. Forts de la certitude d'une vie meilleure, tous ceux qui souffrent ici-bas se hâteraient de se suicider et la nature, dans son amour de la vie, n'a pas voulu cette extinction contraire à son but.

Les dogmes religieux ont un caractère enfantin et ressemblent à des imageries dont le but est d'effrayer ou de faire rire. Si l'on interroge ceux qui professent ces dogmes ils vous disent qu'ils sont sacrés dans leur simplicité, qu'il faut vénérer leurs naïfs symboles, mais ils ajoutent à voix basse qu'il ne faut pas les prendre au pied de la lettre. Les grands philosophes occidentaux ont voulu bâtir des systèmes si grandioses qu'ils se sont perdus dans des dédales d'abstraction et qu'on s'y perd après eux. Ils sont toujours tourmentés par l'ombre de leur religion. On ne peut rien attendre de leur philosophie pour la connaissance de la mort.

La connaissance de la mort sort lentement de l'étude qu'on fait d'elle et des doutes dont on est saisi au cours de cette étude. Il faut beaucoup douter pour croire. Beaucoup d'hommes ont écrit des livres où ils ont accumulé des documents, des comparaisons et les affirmations d'autres chercheurs et dans ces livres transparaît la volonté constante de ne pas découvrir la vérité. Leur lecture est plus utile que celle d'ouvrages de foi sincère. Longtemps j'ai cru ne rien trouver dans leurs écrits et j'ai douté avec les sceptiques. Il en fut de moi au milieu de l'océan de ces livres, comme de ce navigateur qui, se croyant perdu très loin des côtes, à travers le brouillard, s'aperçut, au moment où il désespérait, qu'il était arrivé dans les calmes eaux du port.

Ce n'est pas la foi qu'il faut trouver, mais la certitude de sa raison. De même qu'on n'arrive à la connaissance d'aucune science en une soirée de travail, on ne peut percevoir les vies de l'au-delà et les transformations de l'homme au cours de ces vies sans une longue préparation.

Après beaucoup de lectures et beaucoup de méditations sur les croyances diverses, je vis que depuis le commencement du monde, les hommes les plus sages et les plus avisés de l'humanité étaient arrivés aux mêmes conclusions. Les saints, les mystiques, et un grand nombre de philosophes, en dépit du moule de leur religion, étaient tombés d'accord, sur un certain nombre de points, les points essentiels. Cet accord était venu la plupart du temps sans qu'ils eussent communiqué entre eux. Avec des détails différents ils faisaient tous de la vie future une description semblable. Cette description on la retrouvait dans les incohérences des visionnaires et de ceux qui affirmaient voir par un don de clairvoyance.

On la retrouvait encore si on cherchait attentivement sous les immenses puérilités des religions primitives.

Or, lorsque je me fus rendu compte de cette impressionnante concordance, je vis qu'elle était appuyée par quelque chose de puissant et d'irréductible qui était ma certitude intérieure. Ces points essentiels sur la vie future de l'homme et ses possibilités dans l'au-delà, ces points auxquels avaient cru les hommes les meilleurs, les plus intelligents et les plus dignes de foi, ils étaient en moi comme des vérités endormies. Ces vérités avaient sommeillé sous mon ignorance et sous mon doute. Elles se réveillaient en prenant contact avec le sentiment de leur existence qu'avaient eu avant moi des intelligences plus grandes que la mienne. Une faculté nouvelle était apparue dans mon âme qui me permettait de reconnaître les vérités des mensonges. Je m'étais relié par mon intuition à la chaîne des sages qui avaient scruté passionnément le problème de la mort.

Tout homme de bonne foi, suivant les mêmes étapes que j'ai suivies, pourra arriver à la même certitude toucher les mêmes vérités. J'indiquerai ces étapes en m'excusant de me citer trop souvent en exemple. Mais une expérience ne peut être bien comprise que si on indique les réactions personnelles de celui qui l'a faite. Je souhaite que la mienne procure à ceux qui la suivront les mêmes avantages de l'âme.

Il ne faut pas trop escompter ces avantages bien qu'ils soient immenses. Ils n'allègent pas la part d'élément douleur dans laquelle chacun doit vivre. La maladie n'est pas moins pénible, l'oubli de ceux qu'on aime, moins déchirant. Il l'est même davantage puisqu'il s'exerce contre un élément auquel on reconnaît un caractère éternel. Mais on connaît désormais la qualité du courant qui vous emporte. On donne une limite à son espoir. On sait que le passage de la mort n'amène pas le règne subit de la justice. On sait que les mêmes lois, avec leur transcendante absence de moralité continuent à s'exercer pour les défunts comme pour les vivants. On peut se préparer à user d'elles pour éviter la douleur, pour ne pas perdre ce qu'on aime, pour devenir plus parfait par l'amour. Au point de vue de la règle delà vie, on arrive à comprendre le mystère caché dans la plus admirable et la plus dangereuse des paroles : La vie est belle !

C'est avec la magie de ces quatre syllabes que les hommes se trompent eux-mêmes, en bornant leur horizon. La connaissance de la mort fait comprendre la beauté et son rapport avec la vie. Il y a beauté toutes les fois que l'esprit intérieur apparaît sous le mouvement des formes. La vie est belle, en effet. Mais ce n'est pas seulement la vie passagère où les soleils couchants jettent des éclairs fugitifs, où les beaux visages féminins s'illuminent un instant, c'est l'immense vie, celle qui précède et celle qui suit la nôtre. Plus nous nous éloignons du monde terrestre et plus nous nous rapprochons du monde de l'esprit. C'est par la porte de la mort qu'on arrive à la beauté.

Le Silence des Fondateurs de Religion

Il y a eu de grands fondateurs de religion, des sages qui en traversant la vie ont provoqué des remous de peuples. Plusieurs ont été déifiés, soit parce que la perfection de leur vie les faisait qualifier de divins, soit parce qu'ils invoquaient eux-mêmes dans leurs discours une filiation directe avec Dieu.

Ceux-là, me suis-je dit d'abord, ont possédé les secrets de l'au-delà. Ils ne les ont pas révélés à tous. On ne les lit pas dans les livres sacrés de leur culte ou dans les résumés de leurs entretiens. Mais peut-être les ont-ils confiés secrètement à leurs disciples. Une vérité d'un ordre universel et d'un si puissant intérêt est difficile à garder pour soi. Elle a dû être exprimée sous quelque forme symbolique. Elle doit laisser percer sa lumière dans le coin de quelque conversation. Il importe de connaître dans tous leurs détails, la vie des envoyés de Dieu, des maîtres de l'illumination et de savoir les paroles qu'au soleil couchant, sous quelque arbre d'orient aux feuilles silencieuses comme le mystère de l'âme, ils avaient dites à de jeunes hommes vêtus de blanc, et avides de connaissance.

Les enseignements des grands maîtres me réservaient une déception.

— Quand on ignore ce qu'est la vie, comment connaîtrait-on ce qu'est la mort, a dit avec une puissante logique le Chinois Confucius. Le Bouddha répétait sans cesse que sa doctrine était seulement une méthode pour échapper à la douleur des vies successives et qu'il ne fallait pas s'occuper de métaphysique. Les idées de Pythagore étaient entourées de nombres comme d'autant de petites créatures mystérieuses qui en défendaient l'accès. Par ses constantes interrogations, Socrate, dans les carrefours d'Athènes, semblait avoir voulu s'instruire lui-même, au lieu d'instruire les autres. Jésus avait bien parlé d'un royaume de Dieu auquel on parvient après la mort, mais il n'avait indiqué aucune donnée précise sur ce royaume, si ce n'est l'impossibilité absolue pour un riche d'y parvenir, ce qui, dans certains cas, pouvait comporter une certaine injustice. Le paradis de Mahomet, au contraire, offrait des certitudes de jouissance si précises, qu'il était invraisemblable comme un rêve d'enfant.

Tous les prophètes parurent n'avoir rien su exactement de ce qui arrive à l'homme après la mort.

Et une autre déception, plus amère peut-être que mon désir de connaissance insatisfait, me vint de l'histoire légendaire des prophètes.

J'ajoute foi à la légende. Les anecdotes, les traits de caractère, les récits piquants transmis de bouche en bouche me paraissent la meilleure certitude de l'histoire. Je leur trouve plus d'authenticité que les événements dont on a scientifiquement établi la réalité. Je ne doute pas de l'existence des personnages légendaires et si une parole pleine de substance a pu traverser les siècles, j'estime qu'elle a toutes les chances d'être vraie. C'est donc la voix elle-même des prophètes que j'entendis en suivant le récit de leur vie, ce sont leurs véritables actions qui se déroulèrent devant moi et je sentis aussi profondément leur nature par l'effort de l'intuition que je pouvais sentir celles des hommes vivants qui s'agitaient autour de moi.

Celui qui avait moralisé un tiers de l'humanité et imprimé dans l'âme des Chinois, durant vingt-cinq siècles, l'amour des rites et le culte des ancêtres, Confucius avait donné dans sa vie l'exemple d'une misérable ambition. Il n'avait pas cessé d'avoir pour idéal de devenir le ministre d'un roi. Il mettait au-dessus de tout la piété filiale et lui-même ne visita jamais le tombeau de son père. Il flattait ridiculement les puissants au point de donner à son fils, quand il naquit, le nom de Carpe, parce que le souverain du pays lui avait envoyé ce jour-là un poisson de cette espèce. Il vit une fois un père qui donnait des coups de bâton à son fils. Il reprocha vivement à cet enfant d'avoir reçu les coups stoïquement au lieu de s'enfuir. Le bâton du père était lourd et aurait pu causer sa mort. Il avait donc manqué de piété filiale en risquant de faire de son père un meurtrier. Au moment de sa mort il déclare à ses disciples que puisqu'on ne lui a confié la direction d'aucun état, c'est qu'il n'y a sur la terre aucun prince intelligent et un de ses derniers soucis est de rappeler qu'il descend des empereurs de la dynastie Inn, affirmation qui ne reposait sur rien et qui était le signe d'un orgueil immodéré.

La vie du Bouddha est une suite d'événements poétiques et moraux et elle forme la plus belle histoire qui ait été écrite depuis le commencement du monde. Toutefois, en lisant les récits des entretiens du Bouddha avec les rois du Magadha, en voyant son extrême prudence vis-à-vis des autorités de son temps, son respect pour l'ordre social, je n'ai pu m'empêcher dé préférer la formidable indépendance de Jésus. Le Bouddha fut le chef d'une immense congrégation de moines. De cette congrégation furent exclus les esclaves, ceux qui avaient un poste dans le gouvernement royal, afin de ne pas troubler l'organisation de l'autorité temporelle et chose plus injuste, ceux qui avaient des ulcères ou un furoncle, les borgnes, les eunuques et ceux qui avaient sur le corps des traces de flagellation.

Et cependant le Bouddha reçut comme disciple le brigand Angulimala qui portait autour de son cou un collier fait avec les doigts de ceux qu'il avait tués. Quand le roi de Maghada ayant fait assassiner son père vient lui demander si une telle action peut avoir des conséquences fâcheuses sur sa vie future, il répond d'une façon ambiguë et ne flétrit pas le parricide, parce qu'il est roi. Si l'on se libère du joug des Dieux, il faudrait savoir se libérer aussi du joug des hommes.

La mort de Socrate, telle qu'elle est racontée par Platon, remplit l'âme d'émerveillement. Toutefois, il faut reconnaître que le mépris de la mort est une vertu qui se rencontre chez beaucoup d'hommes ordinaires. Les idées personnelles que je me fais des plus hautes vertus ne permettent pas à ces hautes vertus d'être pratiquées concurremment avec celles qu'on exige d'un soldat. Or, Socrate fut un hoplite courageux et s'il n'exerça pas de commandement, il fut renommé parmi ses compagnons d'armes, pour son intrépidité. Il dut traverser le corps des ennemis de sa patrie en lançant des javelots ou en les frappant d'une lance aiguë au cours de combats corps à corps où l'homme perd conscience de lui-même, voit s'évanouir sa pitié native et se laisse dominer par l'amour de tuer.

Le devin physionomiste Zopyros, reconnut sur le visage de Socrate les signes d'une puissante sensualité et quand les disciples du sage se récrièrent en entendant cette affirmation, Socrate leur dit : Zopyros a bien vu.

Une certaine violence et, jusqu'à un certain point, un goût de vengeance me surprirent plus encore dans la vie de Jésus. C'est ce que l'on reproche le plus à soi-même, ce qui paraît être la part inférieure de la nature humaine, qu'on voudrait ne pas rencontrer chez les grands modèles de l'humanité. Saisi de fureur, il crie :

— Serpents, race de vipères, comment éviterez-vous d'être condamnés au feu de l'enfer !

Il chasse à coups de fouet les vendeurs du Temple. Il devait y avoir là maints petits commerçants inoffensifs qui faisaient vivre leur famille du produit de leur négoce de talismans ou d'objets du culte et qui ne méritaient pas cette brutale agression. Il fait sortir des démons du corps d'un insensé et il les fait passer dans un troupeau de pourceaux qu'il envoie à la mer pour s'y noyer. Je plains les pourceaux innocents et le propriétaire des pourceaux, injustement dépossédé.

Une femme vint à lui, dit l'Évangile, avec un vase d'albâtre plein d'un parfum de grand prix qu'elle lui répandit sur la tête lorsqu'il était à table. Ceux qui sont avec lui regrettent avec raison le prix du parfum qu'on aurait pu vendre afin de donner l'argent aux pauvres. Mais lui, est ravi de cet hommage qui appartient pourtant avec évidence au royaume de la terre.

Mahomet, dont la religion est, de toutes, celle qui fait aujourd'hui le plus de prosélytes, me déconcerta plus encore. Qu'il ait eu, dans les dernières années de sa vie, dix femmes au lieu de quatre que tolère le Koran, qu'il se soit teint en noir les sourcils et en rouge les ongles avec le henné, cela ne me scandalisa pas. Mais cet habile chef de la tribu guerrière de Médine ayant vaincu la tribu juive des Benou-Korayzha, donne l'ordre de massacrer les cent prisonniers qu'il a faits et il vend les femmes et les enfants comme esclaves. Au cours d'une autre victoire, il s'empare d'un certain Nahdr-ben-Harith, homme lettré qui, jadis, à La Mecque, l'avait contredit. Il réfléchit trois jours, puis il le fait mettre à mort. Il profite d'une querelle entre les habitants de Médine et des juifs pour faire disparaître ses ennemis personnels. Il y a deux choses qui me ravissent, disait-il, les femmes et les parfums. Il voit une fois la belle Zeinab, la femme de son fils adoptif et il en aime le parfum. Il faut aussitôt que son fils adoptif divorce pour lui laisser la possession de cette femme nouvelle.

Je m'excuse d'avoir si peu rapporté de lumière du voyage que j'ai fait avec ceux qui détenaient la lumière et qui s'en montraient prodigues à tous. Je les ai pourtant accompagnés fidèlement. J'ai guetté le sourire de leurs lèvres pour savoir si l'ironie allait de pair avec la sagesse. J'ai admiré le pli parfois théâtral de leur manteau, heureux qu'une certaine beauté d'attitude ne soit pas incompatible avec une grande compassion.

Je m'excuse d'avoir été déçu de ce que cette compassion ne fût pas plus déchirante. J'aurais voulu qu'ils ne puissent pas supporter la douleur de l'humanité et qu'ils meurent de pitié au lieu de boire la ciguë ou de monter sur la croix. Je m'excuse d'une exigence qui n'est justifiée par rien. Peut-être y avait-il de sublimes vertus cachées là où j'ai cru voir des faiblesses ? Mais peut-être les faiblesses sont-elles inhérentes aux sublimes vertus et les sermons sur les montagnes n'auraient-ils pas de prix si le chemin des sommets n'était pas hérissé de rochers sur lesquels on tombe ? Je m'excuse d'avoir distingué chez tous les conducteurs spirituels, ce qui me paraît plus choquant qu'un vice, l'orgueil. Peut-être est-ce folie de placer si haut la modestie et de vouloir la trouver chez des personnages presque divins. Je m'excuse de ne pas avoir su les entendre ou de ne pas les avoir compris. Aucun d'eux ne m'a révélé le secret qu'ils prétendaient connaître. Peut-être l'ignoraient-ils tout simplement ou n'en avaient-ils qu'une demi-certitude. Il m'a fallu le chercher ailleurs, là où il se trouve, dans la compacte matière des doctrines, dans les ténèbres des philosophies, sous les nuages des révélations particulières.

Car l'invisible chaîne d'argent de la parole vraie n'a pas cessé de circuler à travers les âges et par elle, en se la transmettant, les hommes avides de savoir ont été unis les uns avec les autres. Ce sont ces hommes qui n'ont pas recherché, la renommée et sont le plus souvent restés obscurs, qui sont la vraie semence spirituelle de l'humanité.

Je m'excuse de vouloir me rattacher à cette fraternité moins glorieuse, qui, loin du chemin des religions, a retrouvé le sentier étroit qui mène à la connaissance de la mort.

Le Monde de la Lune des Hindous

La philosophie de l'Inde est comme une forêt mystérieuse où s'entrecroisent toutes les plantes de la création. Elle est si hérissée de répétitions, de mots incompréhensibles, d'invocations à des Dieux innombrables qu'il est difficile d'y pénétrer.

Dans cette forêt, il y a les Védas primitifs qui montent vers le ciel comme des colonnes de prières. Il y a l'immense étendue du Ramayana et du Mahabarata. Il y a les trois corbeilles du Tripitaka avec des bosquets de sermons et des buissons de règles chantées. Il y a des étangs aux eaux dormantes où fleurissent le Lotus de la bonne loi et le Lotus de la miséricorde. On se dit qu'on ne pourra jamais tout embrasser et tout pénétrer. Mais si on ne se laisse pas effrayer par les Mantras, par les Jatakas, par les Udanas et les sévères lois de Manou, on trouve à la fin sous la montagne des végétations la petite source claire où l'on peut étancher sa soif de connaître.

Dans l'antique doctrine brahmanique, l'âme individuelle de l'homme est identique à l'âme universelle. Cette âme individuelle transmigre à travers une série de vies qui sont douloureuses. Elle ne s'affranchit de la souffrance « que par sa réunion à l'âme universelle, réunion réalisée en prenant conscience de son identité avec celle-ci, ce qui est Moksa, le salut »*

D'après les hymnes Védiques et les Brahmanas, le défunt passe par une période intermédiaire d'une année pendant laquelle il peut hanter les lieux où il a vécu. On peut comparer cette période à celle, de même durée, que fixe la religion juive pour la séparation du double. C'est la raison qui fait interdire aux familles de visiter la tombe des morts pendant le délai d'un an. Les contes populaires de l'Inde comme ceux de tous les peuples sont remplis de récits de revenants.

Les penseurs de l'Inde ne mettaient pas en doute la survivance de

---

* OLTRAMARE, *Histoire des idées théosophiques dans l'Inde.*

l'âme. Ce fut toujours un fait absolu, considéré comme indiscutable. Cette certitude devait leur venir d'un héritage primitif de connaissance, datant de l'époque où la tradition était encore orale. Dès la plus haute antiquité, ils avaient fixé la destinée de l'âme après la mort.

Il y a deux chemins, celui des Pères et celui des Dieux, Après la mort, certaines âmes vont dans la Lune et d'autres dans le Soleil. Naturellement, les mots Soleil et Lune doivent s'entendre symboliquement. Sur cette donnée primitive furent bâties une multitude de théories que discutèrent une multitude de sectes. La philosophie de l'Inde qui a atteint son plus haut point de hauteur au XIIIe siècle de notre ère avec Sankara et son école, repose sur l'antique sagesse que l'on trouve dans les écrits primitifs et elle n'est, en somme, qu'une explication et qu'un commentaire de ces écrits.

Au moment de la mort, les éléments subtils de l'être se concentrent dans le cœur puis ils s'élèvent et c'est par le sommet de la tête que l'âme sort du corps qu'elle cesse d'habiter.

L'homme ordinaire, «l'homme qui ne sait pas, dit Sankara, rentrant en ses éléments subtils qui sont la semence du corps futur, émigré, accompagné de ses œuvres antérieures et s'incorporera à nouveau».

Ceci est la destinée du vulgaire, encore que ce vulgaire forme l'immense majorité des créatures. Ce sont les œuvres, le Karma qui déterminent la vie future de l'homme qui a pris le chemin des Pères et arrive dans le monde de la Lune. Celui-là est enchaîné à la chaîne des transmigrations. Il reviendra sur là terre après un passage par une série d'états différents que la symbolique des textes désigne par l'éther, l'air, la pluie.

Les hommes vertueux et plus avancés dans la connaissance prennent le chemin des Dieux et atteignent le monde du Soleil. Là, ils jouissent d'une immortalité relative qui s'étend à une ou plusieurs périodes cosmiques. Mais à un moment des temps, il leur faudra reprendre le chemin des transmigrations.

Il n'y a de salut définitif que par la libération qui permet d'échapper au monde des formes.

«La libération ne peut être atteinte que par une perception directe de l'identité de l'être individuel avec le soi universel. Elle ne le sera ni par

Yoga (entraînement physique), ni par Sankhya (philosophie spéculative), ni par la pratique des cérémonies religieuses, ni par la science pure* ».

Celui qui a atteint la libération par une connaissance intérieure, bien différente de celle des livres, a dépassé le monde des Dieux, est sorti du courant des formes, il jouit de la béatitude éternelle, il s'est identifié à l'âme universelle.

La réforme des doctrines brahmaniques par le Bouddha fut seulement l'apport d'une méthode pour se libérer et supprimer le retour des futures naissances et des futures morts. Le Bouddha, comme tous les grands réformateurs spirituels, révéla une partie de ce qui doit rester caché. C'est ce qui a fait dire qu'il fut exclu de l'Agartha et n'obtint jamais la plus haute initiation.

Toutefois, il a toujours refusé d'expliquer nettement ce qui arrive à l'homme après la mort. Il disait volontiers que cette connaissance était inutile pour la libération et sans doute pensait-il qu'elle était susceptible de la retarder. Il ne peut y avoir d'autre raison à son silence. Si, en effet, on à la certitude d'états de béatitude, sinon éternels, du moins de longue durée, après la mort, on éprouvera le désir de jouir de ces états et on remettra à plus tard la libération finale.

Mais dans ses entretiens avec ses disciples, il a révélé les certitudes qu'il possédait.

Le Bouddha admettait que l'on pouvait se réincarner dans plusieurs ordres de créatures qui étaient les bêtes, les démons, les hommes et différentes catégories de Dieux. Au moment de la séparation de l'âme et du corps, la puissance du désir précipite l'âme dans un germe vivant qui se développe ensuite en un organisme producteur de conscience. La naissance future est déterminée par la qualité des désirs qu'on a développés dans sa vie. Plus les désirs sont d'une nature grossière et plus bas est le monde vers lequel on est attiré. Plus on a développé une conscience élevée et spirituelle et plus l'organisme où l'âme s'est projetée elle-même offrira de nouveaux moyens de développement. Mais l'âme ne peut choisir délibérément. La mort lui enlève sa faculté de choix. Il y a une totalisation inconsciente de ses possibilités qui la précipite

---

* Sankara.

dans le monde dont elle s'est rendue digne, au milieu des êtres qui sont ses semblables.

Il est logique que les actions qu'on a accomplies comptent alors moins que les intentions que l'on a nourries intérieurement. Le plateau de la balance déterminante penche sous le poids des vraies facultés intérieures. On ne bénéficie de la résultante de ses actes que dans la mesure où les actes sont les symboles des intentions et des vertus réelles.

Cette loi est moins rigoureuse qu'elle ne le paraît tout d'abord.

Chacun se rend dans le royaume où l'appellent ses affinités, qui est le plus en accord avec lui-même. Chacun a la possibilité de satisfaire ses aspirations. Seulement cette possibilité est une obligation. L'homme aux tendances exclusivement bestiales renaît dans un monde de bêtes. Nous verrons que cette idée qui va à rencontre de nos habitudes occidentales de penser se retrouve chez tous les grands philosophes grecs.

Ce qui paraît plus surprenant dans l'enseignement du Bouddha, c'est la toute-puissance, en quelque sorte magique, qu'il attribue au désir. Si l'on atteint par le détachement des choses terrestres et l'amour de la connaissance, le monde des Dieux et si l'on y jouit des merveilles de la pensée, même après des millions de siècles, il suffit d'un seul désir matériel pour précipiter l'ancien Dieu dans un monde inférieur. Là, il sera entraîné d'un désir à un autre et l'antique course avec les mêmes difficultés et les mêmes souffrances, recommencera.

Aussi le Bouddha enseignait-il que tous les modes d'incarnation, même les plus subtils étaient des causes de douleur. Il n'y avait entre eux que des différences de durée. Brahma lui-même mourrait un jour. Il fallait dépasser le monde de la joie pure et de la spéculation idéale par l'anéantissement de tout désir, même du désir spirituel et atteindre l'exaltation super-consciente du Nirvana.

Le Kha des Égyptiens

Celui qui veut sonder la vieille religion égyptienne est accueilli par un personnage silencieux, plusieurs fois millénaire, oint de baumes et de sels, trempé de natron, serré de bandelettes et qui porte un scarabée de métal sur la place où battit son cœur. Cette créature d'outre-tombe, cette créature vivante encore, n'a pas besoin de lui tendre le papyrus couvert de hiéroglyphes qu'elle porte sous son bras gauche pour lui apprendre ce que la plus antique science du monde savait de la mort. Le papyrus, malgré les recherches de tous les Maspero et de tous les Lepsius*, garde du reste son énigme indéchiffrable. Mais il suffit à la momie d'être présente dans son étroit sarcophage. Elle atteste après plusieurs milliers d'années, un amour de la vie si prodigieux que ceux qui l'ont ressenti voulurent prolonger après la mort cette vie même affaiblie.

Reculer la mort physique ! Donner à l'être la possibilité de jouir, même après la mort, de la matière bien-aimée ! Voilà ce que les Egyptiens ont réalisé dans une certaine mesure par l'embaumement du corps. Ils accompagnaient cet embaumement de rites magiques dont nous ne savons plus rien. Par eux ils attiraient autour du corps embaumé des courants magnétiques suffisants pour créer une possibilité de vie précaire, à peine physique.

Tant que la forme demeure avec son contour et son apparence, le Kha, le double, qui n'est autre que le corps astral des occultistes et des théosophes, possède un point d'appui terrestre auquel il demeure attaché. Tant que la dépouille survit, le Kha jouit d'une façon difficilement mesurable des biens matériels. Pour qu'il ait la joie de la nourriture, il doit avoir dans sa tombe des symboles d'aliments. De même, la volupté

---

* Les maîtres de l'Egyptologie ne s'entendent pas sur l'interprétation des symboles, le sens des textes et des inscriptions. « Les conjectures souvent aventureuses recouvrent mal les grosses lacunes de la science sûre. Des questions fondamentales restent sans réponse. » Chantepie de la Saussaye, *Histoire des religions*.

de la chair lui est donnée par les images des êtres qu'il a désirés de son vivant. Chaque mort est entouré de ce qui a été son plaisir ou sa préoccupation sur la terre. Et malgré son absence de forme visible, le Kha a des possibilités plus étendues qu'on ne pourrait le supposer. Il s'occupe dans l'au-delà de philosophie et de magie. On a retrouvé dans la tombe d'une certaine Myrithis, magicienne réputée, une lampe à sept mèches, un miroir convexe, un tambourin de prêtresse isiaque pour qu'elle pût continuer ses opérations magiques. Il y avait aussi divers parchemins sur lesquels se penchait ce Kha sans visage, afin de parfaire ses études*.

Cette vie du double était un arrêt de la nature. Elle retardait la loi des transformations, elle immobilisait l'être dans la sphère des attractions physiques, mais tôt ou tard l'être devait repartir pour le voyage auquel nul n'échappe.

Outre le Kha, chacun a un Ba, qui est l'âme et que les Egyptiens symbolisaient par un oiseau, épervier, hirondelle ou ibis, à cause de sa faculté de s'élancer aisément à travers l'espace. C'est dans cette âme qu'est la conscience de l'homme et cette âme est immortelle. Elle est un rayon émané d'Ammon-Ra, l'esprit caché, l'essence intérieure du soleil. C'est cette âme de nature divine qui, après la séparation définitive du corps et du double, entreprend le voyage de l'au-delà.

Peu importe les termes des différents symbolismes et les noms des Dieux dont les consonances inhabituelles ne servent qu'à nous rebuter. Peu importe qu'au lieu du Charon des Grecs, ce soit Oun Nefer qui conduise les morts égyptiens et que le fleuve souterrain sur lequel doit s'embarquer l'âme prenne sa source à l'ouest d'Abydos. Ce qu'il faut retenir, c'est que pour atteindre le but du voyage une certaine somme de connaissance spirituelle est indispensable. Cette connaissance seule permettra au mort de dompter, par la puissance du regard, les monstres dont il sera entouré. Malheur à celui qui ne la possède pas ! Malheur à l'ignorant ! Sa vertu ne lui suffira pas. Il restera dans le royaume des ombres et des terreurs vaines.

Celui qui sait, au contraire, répondra avec sagesse aux questions de l'étrange conducteur d'une nouvelle barque sur laquelle il traversera le

* Voir Henri Durville, *La science secrète*.

fleuve qui le sépare des Champs-Elysées*. Il arrivera enfin devant un tribunal présidé par Osiris et composé de quarante-deux juges. A chaque juge correspond une faute que l'homme a pu commettre sur la terre et qu'il se défend d'avoir commise. Chaque juge est le contraire d'une faute, c'est-à-dire une qualité. Le mort se confesse et son cœur est placé sur cette balance inexorable que l'on retrouve dans toutes les descriptions de l'autre monde faites par toutes les religions. C'est en vertu de la légèreté de son poids que l'âme obtient sa délivrance des liens terrestres. Si la pesanteur de ses désirs et des forces de mal qui sont en elles ne la retiennent pas, elle devient un Khou lumineux, elle s'élève, elle s'élance dans la région solaire vers Ammon Ra, elle devient par identification, le soleil lui-même.

Si l'âme n'a pas en elle la possibilité de cette identification, elle est condamnée par sa nature à errer dans les soixante et quinze divisions de l'enfer où elle subit les différents supplices que tous les symbolismes infernaux nous décrivent comme matériels, par un illogisme trop éclatant pour être discuté. Puis elle est attirée à nouveau dans des corps d'hommes ou des corps d'animaux.

Ce retour ne s'appuie pas sur des textes égyptiens absolument formels. On peut dire qu'il n'y a pas de texte formel sur l'antique croyance de l'Egypte. Hérodote et, plus tard, Servius, ont affirmé que les Egyptiens croyaient à la doctrine de la transmigration des âmes. Certains passages du « Livre des respirations » et même du « Livre des morts » le confirment, mais cela n'a pas suffi à beaucoup d'étudiants de la religion égyptienne. Je dis à dessein étudiants parce que les savants Egyptologues demeurent incertains et contradictoires devant le mystère des textes. Le livre des morts qui est la base de toute étude semble tout d'abord incompréhensible.

Peut-être faut-il accuser les traducteurs. Malgré cela, beaucoup d'occultistes l'expliquent avec aisance et admiration, et n'y trouvent

---

* Dans le *Livre des morts*, outre le pilote, c'est le navire lui-même qui pose des questions à l'âme. Le mât, l'aviron, le gouvernail l'interpellent directement. La mort a heureusement sous son bras un livre de rites funéraires où il trouve de sages réponses.

aucune obscurité. «Monument d'extravagance et d'imposture», dit M. Salomon Reinach de cet ouvrage vénérable et mystérieux.

Rien n'est plus décevant que de voir qu'il en est ainsi pour tous les documents de la sagesse antique. Il faut choisir entre des interprétations diverses. D'une part, celle des illuminés, pleins de foi, qui remuent joyeusement le merveilleux et en font jaillir d'illusoires étincelles et, d'autre part, celles de savants si doctes et qui regardent les parchemins avec des lunettes si exactes qu'ils finissent par n'y plus rien voir.

Le Souffle des Ossements dans la Kabbale

La Kabbale, c'est-à-dire la doctrine secrète des juifs, puise sa tradition dans une révélation primitive : « Les Kabbalistes disent à ce sujet : Dieu enseigna la doctrine d'abord au monde angélique. Après la chute des anges, ce fut Adam qui en connut les mystères. D'Adam elle passa à Noé, à Abraham, puis à Moïse. Des patriarches aux prophètes, et, de suite en suite, sa transmission s'opéra sans interruption* ».

On aime à s'appuyer sur une philosophie dont les assises sont antiques. Mais il ne faut pas que le but soit dépassé. La confiance que l'on peut avoir dans une tradition est diminuée si l'on apprend que cette tradition a été dictée par Dieu lui-même.

Outre l'orgueil de leur origine, les livres juifs sont empreints d'une sévérité redoutable qui est contradictoire avec l'esprit de bonté que notre logique espère rencontrer de plus en plus en s'élevant dans les hiérarchies des êtres intelligents. La nature, il est vrai, est impitoyable dans les effets de ses lois, mais si nous nous inclinons devant les effets inéluctables d'une cause aveugle, nous nous révoltons avec raison si nous distinguons la violence, l'absence de pardon, l'amour de châtier, chez une intelligence supérieure à la nôtre et à qui serait dévolue la tâche de régir l'humanité. « La rigueur est indispensable au châtiment des coupables », lit-on dans le Zohar, le livre où le rabbin Simon ben Jochaï a réuni, d'après des livres plus anciens, les plus vieilles traditions de la race juive. Et Ton y voit aussi que les païens, pour avoir été païens, transmigrent dans des pourceaux.

Mais lès traditions prennent les qualités et les défauts de la race qui les interprète. Un peuple rigoureux et violent les traduit dans la rigueur et dans la violence. On retrouve dans les livres juifs l'expression de la vérité éternelle.

D'après la Kabbale, l'homme possède outre son corps physique, plus-

---

* Paul Vulliaud, *La Kabbale juive*.

ieurs corps invisibles qui s'interpénètrent entre eux et qui se dissocient au moment de la mort. Il y a un corps vital et passionnel (Nephesch), il y a l'âme (Ruach) et il y a l'esprit, c'est-à-dire l'être véritable (Neschamah). Ces trois parties de l'homme ne sont pas absolument distinctes, elles se mêlent l'une l'autre, à la manière des couleurs du spectre solaire qui, bien que successives, se confondent par gradations. Elles correspondent à trois mondes différents dont elles sont l'expression humaine. Le degré le plus subtil de Nephesch correspond au degré inférieur de Ruach et le degré le plus subtil de Ruach correspond au degré le moins subtil de Neschamah. L'esprit supérieur, Neschamah, est en contact avec l'état de spiritualité absolue qui est la divinité. Ce que les Kabbalistes appellent la chute a éloigné l'homme de l'état divin. Il retrouvera cet état lorsque tout ce qu'il y a de spirituel en lui se sera épuré.

Le travail de la mort s'étend sur une période beaucoup plus longue qu'on ne le pense d'ordinaire. Neschamah, l'esprit quitte le premier le corps, avant le moment que l'on désigne du nom de mort. L'âme, après s'être répandue dans tous les organes, ce qui constitue la secousse de l'agonie, se réfugie dans le cœur qui est le centre de la vie. Sa séparation d'avec le corps peut être parfois douloureuse, à cause du double appel des hautes régions spirituelles et des régions inférieures physiques entre lesquelles elle hésite. A la minute dernière, l'âme sort du cœur par la bouche avec le dernier souffle. Le Talmud distingue 900 espèces différentes de mort. Quand la mort est douloureuse, le mourant éprouve la sensation d'une épaisse corde de cheveux arrachée du gosier.

Après le départ de l'âme, l'homme paraît mort et pourtant Nephesh est encore en lui. Cette essence vitale a gardé des affinités pour le corps et il va falloir le travail de la décomposition et des Masikim, ou mauvais esprits, pour l'obliger à le quitter. Mais cette désintégration n'est absolue qu'après très longtemps. Elle dure d'ordinaire jusqu'à la putréfaction complète. Même alors, quelque chose de Nephesh subsiste qui descend dans le tombeau, dans les ossements. C'est le principe impérissable du corps matériel et il constitue le Habal de Garmin ou corps de la résurrection*.

* Le dogme de la résurrection de la chair est d'une invraisemblance *a priori*

Cependant les trois corps essentiels de l'homme, séparés par la mort, ont rejoint les trois mondes vers lesquels ils sont attirés par leur nature particulière. Mais auparavant l'âme va et vient pendant les premiers sept jours qui suivent la mort entre la maison où habitait le mort et le tombeau où repose le corps. Elle a eu au moment de la mort l'autorisation de voir ses parents et ses amis morts avec l'aspect sous lequel elle les a connus. Elle voit aussi les vivants qui sont tristes et qui la pleurent dans la maison du mélancolique retour sans forme.

Le souffle des ossements reste attaché au corps et il connaît dans la tombe une obscure sensation de repos qui ne doit pas être troublée. «C'est pourquoi il était défendu chez les juifs d'enterrer l'une auprès de l'autre des personnes qui, pendant leur vie avaient été ennemies, ou de placer un saint homme auprès d'un criminel. On prenait soin au contraire d'enterrer ensemble ceux qui s'étaient aimés, parce que dans la mort cet attachement se continuait». On pouvait évoquer le souffle des ossements, et cela constituait un grand trouble pour le mort, car, malgré la dissociation des corps, Nephesch, Ruach, et Neschamah restaient unis, par un lien subtil, à ce souffle des ossements. Aussi l'évocation était-elle sévèrement défendue.

«Si cela était permis à nos yeux, dit le Zohar, nous pourrions voir dans la nuit, quand vient le Sabbat, ou à la lune nouvelle ou aux jours de fête, les Diuknim (spectres) se dresser dans les tombeaux pour glorifier le Seigneur».

Le corps vital, l'âme et l'esprit ayant rejoint leur monde respectif restent tout de même unis entre eux et ne forment qu'un. Car les mondes où ils vivent s'interpénètrent et aucune distance ne les sépare. Leurs rapports intimes sont réglés par «le Zelem qui est leur enveloppe commune et qui répond à l'apparence corporelle de l'homme originel». Le Zohar

---

éclatante. Toutefois on peut l'entendre dans le sens d'une résurrection par le souvenir. Dans des époques si prodigieusement reculées qu'on ne peut les évaluer, la conscience humaine pourra avoir acquis un développement tel qu'elle pourra à son gré retrouver par le souvenir ses états anciens et ce souvenir pourra avoir une puissance assez grande pour recréer les réalités passées d'une façon plus réelle que notre réalité terrestre. Le souffle des ossements ne serait que le lien unissant la conscience à son passé.

dit du Zelem « que sa beauté dépend des bonnes œuvres que l'homme a accomplies ici-bas* ».

Dans la mesure où l'homme s'est purifié pendant la vie, son esprit est admis à pénétrer dans les Edens appelés palais par le Zohar et qui s'étagent selon les différents degrés de spiritualité. Il y a sept palais dont six seulement sont accessibles à l'homme. Il ne traverse le septième que durant quelques secondes. Si la purification sur terre n'a pas été suffisante, l'être, après avoir été précipité dans un des sept enfers qui correspondent aux sept Edens, est condamné à revenir sur la terre dans de nouveaux corps.

Bien que les Kabbalistes modernes ne croient pas à la doctrine de la transmigration, il est fréquemment question de cette doctrine, dans le Zohar.

« Les âmes qui ici-bas transmigrent dans des corps d'animaux prennent la figure du vêtement qui les entoure, la figure des animaux purs. Les esprits des païens qui transmigrent ici-bas prennent les figures des animaux impurs » (Zohar, I, 20 b).

« L'âme de l'homme sans enfants ne peut plus redescendre sur la terre en un corps d'homme. Dans ce cas, l'âme de l'homme revient sur la terre sous forme de mère et celle de la mère revient sous forme d'un fils » (Zohar, III, 100 b).

Et il est dit un peu plus loin que ce changement de sexe est tellement douloureux qu'aucune autre douleur physique ne peut lui être comparée.

« Quand l'âme n'a pas achevé sa mission durant son passage sur la terre, elle est déracinée et transplantée de nouveau sur la terre, ainsi qu'il est écrit dans Job : Et l'homme retourne sur la terre ! Les transmigrations sont infligées à l'âme comme punition et varient selon sa culpabilité. Toute âme qui s'est rendue coupable durant son passage en ce bas monde est, en punition, obligée de transmigrer autant de fois qu'il le faut pour qu'elle atteigne, par sa perfection, le sixième degré de la région d'où elle émane » (Zohar, II, 94 a).

Il faut retenir de cette dernière citation que la vie sur la terre est considérée comme un châtiment, un séjour d'épreuves. Ce sera donc as-

---

* C. DE LEININGEN. *Communication à la société pschologique de Munich.*

sez illogiquement que la doctrine juive recommandera sous toutes les formes possibles, avec des menaces de peines terrestres et supraterrestres, la procréation d'enfants voués à ces épreuves.

Mais le Zohar enseigne aussi — et nous verrons plus loin l'importance de cet enseignement — que, par exception à la loi générale, les âmes émanées de la septième région spirituelle et qui sont par leur origine d'une essence plus affinée, échappent à la loi des transmigrations. Cette septième région, qui ne se limite pas dans l'espace mais qui est un état d'être, une source de potentialités, permet à chacun de se revendiquer d'une origine élevée et de justifier cette origine par le témoignage de sa qualité spirituelle. Elle ouvre, à tous ceux qui s'en jugent dignes, la porte de la plus haute espérance, l'espérance d'échapper aux nouvelles vies terrestres et de parvenir à un état meilleur, à un degré supérieur dans la hiérarchie des créatures.

Le Retour à l'Animalité dans Pythagore et dans Platon

Les Grecs anciens croyaient qu'après l'incinération du cadavre subsistait une ombre, l'Eidolon qui survivait à la destruction du corps et descendait dans l'Hadès. Cet Eidolon n'était qu'une apparence « qui reproduisait avec exactitude l'image du corps vivant, mais qu'on supposait formée d'une matière subtile et déliée analogue à celle des nuées *». Les morts d'Homère sont insignifiants et puérils et ils s'ennuient parmi les asphodèles des Champs-Elysées. Seul, entre toux ceux qu'évoque Ulysse, le divin Tiresias a toute sa conscience parce qu'il a développé la connaissance de l'au-delà. On retrouvera dans toutes les traditions, l'assurance que cette connaissance de l'au-delà est le seul moyen pour échapper, dans la première région de la mort, à une inévitable période d'incertitude et de crainte.

Ce n'est que vers le commencement du Ve siècle avant Jésus-Christ que Pythagore vint apprendre à l'occident hellénique l'immortalité de l'âme que professaient déjà secrètement les sectes orphiques et la religion dionysiaque.

Pythagore, comme tous les initiateurs, ne fit que préciser une notion éparse chez les philosophes et vers laquelle aspiraient les hommes. Mais le premier, il montra une voie précise, il donna une méthode de vie pour développer son âme et lui permettre de conquérir son immortalité. Il indiqua une forme de salut adéquate à une race. Après tant de siècles, c'est cette forme qui demeure la plus accessible à notre compréhension et la plus aisée à pratiquer.

Outre l'Eidolon auquel on croyait dans l'époque homérique, l'homme, d'après lui, possédait un corps spirituel dans lequel se condensaient toutes les énergies qui n'étaient pas physiques. Ce corps spirituel, qui n'était pas l'individualité passagère, pouvait animer n'importe quel corps physique. Précipité jadis du monde des Dieux, l'être était dans le corps

* Maury, *Histoire des religions de la Grèce antique.*

comme dans une prison, en vertu de ses fautes anciennes, ou plutôt de ses désirs. Quand la mort séparait la Psyché de son enveloppe physique, elle passait un certain temps dans une région invisible, l'Hadès, pour s'y purifier. Elle retournait ensuite au monde supérieur pour être ensuite rappelée à la terre et y chercher un nouveau corps. L'atmosphère de notre monde était remplie de Psychés errantes, qui voltigeaient au milieu des vivants en quête d'une forme où elles pourraient satisfaire leur goût de vivre. C'est ce désir de la vie qui précipitait les incarnations et poussait les Psychés à transmigrer dans des corps d'hommes ou dans des corps d'animaux. Ce choix n'était du reste pas libre pour tous. Il était déterminé par les actions de la vie précédente.

Pythagore indiqua soigneusement de quelle manière il fallait vivre, à quelles règles morales il fallait obéir pour atteindre la voie du salut. Le corps était une prison dans la chair, les réincarnations étant des changements de prison, l'idéal étant d'échapper à cette succession sans fin de captivités diverses et souvent redoutables, d'atteindre une vie libre et parfaite dans le monde des Dieux. La frugalité, l'abstinence des plaisirs et le détachement des biens matériels, qu'il fallait autant que possible mettre en commun, étaient à la base de ses prescriptions. Il n'interdisait pas de façon absolue Je plaisir physique de l'amour, mais il mettait en garde contre la déperdition de forces spirituelles dont il est la cause.

Comme le Bouddha, Pythagore se souvenait de ses vies anciennes. Il avait été Euphorbe, héros du siège de Troie et d'après la légende, il reconnut comme lui ayant appartenu, le bouclier de ce guerrier suspendu dans le temple de Delphes. Il avait été Hermotine de Clazomène qui pratiquait l'extase et dont l'âme avait le pouvoir de sortir de son corps.

Il n'a pas dit si son existence dans le corps de Pythagore était sa dernière existence humaine*.

Empédocle d'Agrigente l'a au contraire affirmé avec certitude. Ce fut un des plus grands esprits de l'humanité. Pour le transporter dans les temps modernes il faudrait imaginer quelqu'un qui serait en même

---

* Une légende moderne a affirmé que Pythagore avait été réincarné en Jamblique, philosophe néo-platonicien et de nos jours en l'Hindou Koot Houmi. Il s'agit d'une légende.

temps Pasteur, Jaurès et Ramakrishna. Fervent Pythagoricien, il croyait comme son maître à la métempsycose.

Cette doctrine est considérée de nos jours comme une aberration de la philosophie ancienne. Notre éducation morale et religieuse, la haute idée que nous nous faisons de nous-même nous font rejeter avec horreur l'idée qu'un être humain se réincarne dans un animal.

Pourtant en réfléchissant, est-ce que l'essence de beaucoup d'individus ne se résume pas à ceci ? Des désirs de manger et de boire, des attractions sexuelles, des émotions affectives pour des êtres d'un autre sexe qui satisfont ces attractions, des émotions affectives pour des enfants nés de leur chair, c'est-à-dire qui sont matériellement eux-mêmes. Tout cela trouve sa réalisation dans l'état animal. Pourquoi après la mort ne seraient-ils pas précipités dans un germe animal dont le futur organisme pourra satisfaire toutes leurs aspirations ? D'ailleurs de tels individus seraient étrangement dépaysés dans un monde supérieur où la réalité est pure pensée. Ce monde supérieur qu'ils choisiraient théoriquement si on les questionnait, serait pour eux un enfer incompréhensible auquel ils chercheraient à échapper au plus vite.

Nos contemporains éprouvent un grand embarras mêlé de tristesse en retrouvant la doctrine de la métempsycose chez Platon. Que ce sommet de la spéculation, cette étoile fixe dans le ciel des idées pures, cette intelligence dont toute intelligence est dépendante si elle est cultivée, ait pu croire que l'âme de l'homme, avec son apanage de raison, transmigre dans un corps d'animal, cela apparaît comme une trahison de l'esprit, la plus grave, si toutefois ce n'est un jeu pour se moquer.

L'homme a développé à travers les siècles un orgueil démesuré, peut-être à partir du moment où il a pensé que l'âme était immortelle. Au nom du privilège de penser, il s'enorgueillit de son rang dans la hiérarchie des êtres, sans réfléchir qu'il ne se sert guère de son privilège et qu'il peut en être de la pensée comme de maints instruments de précision qui deviennent inutilisables par l'inaction.

Pour Platon comme pour les Pythagoriciens, l'âme doit parcourir des séries de vies successives, de natures très diverses. « Il dépend de ses propres mérites, des succès remportés par elle dans sa lutte contre les passions et les désirs du corps que ses courses terrestres la conduisent en haut, vers des formes plus nobles d'existence. Mais elle peut descendre jusqu'à la bête dans ses incorporations »*.

Déjà chez les derniers Néoplatoniciens, la possibilité d'une telle déchéance parut un attentat à la dignité de l'homme. Proclus en expliquant le Timée dit qu'il ne s'agit là que de fictions symboliques et d'autres l'ont dit après lui†. Pourtant il n'y a ni fiction, ni symbole dans les passages suivants de la *République* et du *Timée*.

« Les âmes passaient indifféremment des corps des animaux dans ceux des hommes et de ceux-ci dans ceux-là. Celles des méchants dans les espèces féroces, celles des bons dans les espèces apprivoisées, ce qui donnait lieu à des mélanges de toute sorte. »

« Dieu établit que celui qui aurait failli serait changé en femme dans une seconde naissance ; que s'il ne cessait pas d'être méchant, suivant la nature de ses vices, il serait changé dans une naissance nouvelle en l'animal auquel il ressemblerait par ses mœurs. »

Y a-t-il lieu de s'étonner tellement de cette opinion ? Nous sommes encore, malgré notre orgueil, très proches de l'animalité.

Les Égyptiens, avant Darwin, honoraient leurs aïeux dans différentes espèces animales. On retrouve chez la plupart des tribus nègres de l'Afrique la croyance que certains hommes sont de la même famille que certains animaux et celui qui lut issu de la race des crocodiles commettrait un aussi grand crime, en tuant un crocodile qu'en tuant son père humain. Est-ce que l'empreinte de la vie animale n'est pas profondément gravée sur les visages des hommes ? Chacun de nous a parmi ses relations des oiseaux de proie à deux pieds, de misérables moutons bêlants, des chiens sans fidélité. Je me suis quelquefois étonné, quand un ami me tendait la main, que cette main ne soit pas palmée et que ceux qui étaient pareils à des ânes par la stupidité n'en aient ni les sabots ni les oreilles. En échange d'un peu de raison et d'une vague capacité à lire des livres, beaucoup d'anciens oiseaux ont perdu la faculté de voler et de chanter, beaucoup d'anciens serpents ne connaissent plus la bé-

---

* E. Rohde, *Psyché, le culte de l'âme chez les Grecs.*
† Plotin au contraire avait développé la même théorie que Platon.

atitude de sommeiller dans les eaux dormantes. J'ai rencontré des lions nostalgiques d'être sans force quoique féroces et des cygnes qui, ayant perdu la blancheur, ne conservaient que l'indolence.

Peut-être Platon n'a-t-il pas tellement compromis la dignité humaine. Ce qui transmigrait, d'après lui, dans des corps d'animaux n'était que la partie inférieure de l'âme, l'individualité terrestre et elle ne transmigrait qu'après avoir bu les eaux du Léthé qui donne l'oubli. Les âmes humaines susceptibles de se précipiter dans des corps d'animaux pour satisfaire plus vite des désirs sexuels ou des affections familiales* ne faisaient pas déchoir un être spirituel de rang divin. Cet être spirituel, ils ne l'avaient pas créé en eux, comme cela était leur tâche. Dans certains cas ils en avaient effacé l'essence. La communauté des âmes avec les corps humains était leur pierre de touche et leur moyen de se différencier.

Une fois la différenciation réalisée, chacun allait, selon son libre effort et l'élan de ses aspirations, vers son vrai destin, les uns en haut, les autres en bas. La philosophie et la pratique de la sagesse dépouillaient l'homme de ce qui est corruptible et mortel et seules pouvaient le placer, hors de l'espace et du temps, dans l'état divin.

---

* Beaucoup d'espèces animales, comme le lion ou le singe, montrent des sentiments de famille infiniment plus étroits que ceux que l'on rencontre chez l'homme.

Le Corps Sphérique d'Origène

Il vint un temps où la mort prit le caractère d'un passage vers la damnation éternelle. On pouvait même être prédestiné à cette damnation, porter sur soi le sceau invisible du châtiment. Il était bien évident pour les intelligents que les élus étaient peu nombreux qui s'assiéraient à la droite du Dieu chrétien et il fallait envisager l'hypothèse où l'on entrerait pour toujours dans l'enfer théologique. L'enfer était depuis longtemps connu de tous. Mais il y avait des fleuves, des palmiers, des paysages terribles, il est vrai, mais empreints d'une poésie grandiose. Porter un rocher et le laisser tomber du haut d'une montagne, verser de l'eau dans un tonneau percé étaient des tâches d'esclaves, mais des tâches encore humaines. Les Danaïdes, leur vase sur l'épaule, pouvaient sans doute plaisanter entre elles et se moquer à voix basse de Perséphone. Elles avaient des charbons éteints pour se maquiller et les cendres soigneusement écrasées étaient une antique recette pour rendre plus délicate la peau du visage.

Le nouvel enfer était absolument effrayant par la monotonie, la régularité, l'éternité de la douleur, même si l'on imaginait que le feu était symbolique de la solitude morale, que la soif était le désir, que les démons avec leurs cornes et leurs tridents étaient vos semblables dans le mal. Le Christianisme fit triompher une obsédante notion d'enfer.

Origène fut condamné par les conciles pour n'être pas d'accord sur ce dogme avec les membres de l'Eglise qui venaient de l'édifier à grands coups de crosse épiscopale. Son enfer n'était pas assez éternel et à une minute future de la longévité des temps, Satan lui-même en sortirait pour rentrer dans le sein de Dieu. Pourtant Origène était un ascète mystique qui ne voyait sur la terre que péché et rédemption du péché par des châtiments. De son vivant, pour se punir du désir sexuel il imposa à son corps le supplice de la castration. Sans doute pensait-il que chacun le subissait en enfer. Il croyait que les âmes avaient préexisté et qu'ayant eu la satiété de l'amour divin, elles étaient tombées par ennui dans l'incarnation, c'est-à-dire dans le mal. L'homme était châtié pendant sa vie, et il l'était davantage après la mort. Le feu du désir le consumait et il fallait que ce feu s'éteignît, faute d'aliments. Cela durait très longtemps et cette durée était nécessaire, car une peine trop courte nuisait autant qu'une guérison trop rapide pour un malade. Il avait imaginé qu'au moment de la résurrection, ceux qui étaient destinés au feu ressusciteraient « avec des corps immortels que les supplices ne parviendraient pas à détruire ».

Mais peut-être ne s'exprimait-il ainsi que pour les âmes vulgaires, car Origène admettait deux catégories de croyants, ceux qui étaient susceptibles de spéculations élevées et la foule des autres. Platonicien d'origine, il ne cachait pas sa préférence pour les premiers et son mépris de l'ignorance. On parvenait à Dieu après la mort, en vertu de sa perfection morale et de sa culture. Les corps dans l'au-delà variaient selon les qualités de chacun. L'homme qui avait accompli dans sa vie les purifications nécessaires avait un corps éthéré, de forme sphérique, sphérique comme le crâne humain qui était son symbole physique et comme les planètes des cieux. Ce corps ressemblait à celui dont avait parlé Saint Paul, le corps de l'esprit. C'était « le corps lumineux » de Pythagore et « le char léger de l'âme » de Platon. C'était ce corps qui, en condensant sa sphère subtile, prenait à nouveau place dans la chair.

On retrouve ailleurs l'idée de ce corps sphérique. Plutarque* parle d'un homme en catalepsie qui, revenu à lui, disait avoir vu les âmes des morts comme des boules lumineuses. Ces boules en éclatant, laissaient échapper une forme humaine, d'essence vaporeuse. Tertullien rapporte la vision analogue d'un somnambule. De nos jours, beaucoup de sujets magnétisés, lorsqu'ils sont questionnés sur l'état dans lequel ils se trouvent, répondent qu'ils sont une boule lumineuse au milieu des ténèbres†.

Origène comme les premiers Pères de l'église‡, Clément d'Alexandrie,

---

* PLUTARQUE, *Les délais de la justice divine dans la punition des coupables*.

† Expériences du docteur Baraduc.

‡ Saint Jérôme dit « que la doctrine des transmigrations était secrètement enseignée au petit nombre depuis les temps les plus anciens comme une vérité tradi-

Grégoire de Naziance, Justin martyr, croyait à la transmigration de l'âme humaine à travers des corps différents. Il ne pensait pas qu'il y eût une immutabilité spécifique qui l'empêchât de changer sa destination humaine. Elle était montée, elle pouvait redescendre et revenir à des corps d'animaux.

L'âme, partie du divin, préparait son retour dans la forme humaine. Là elle créait une sphère spirituelle, plus ou moins éthérée. Cette sphère, à la mort, faisait un séjour dans l'enfer où elle allumait avec sa propre substance la flamme qui devait la consumer. Cette flamme était le remords des mauvaises actions accomplies et elle brûlait longtemps et d'un feu cruel. Ce feu était intérieur, sans lueur. Il n'éclairait pas les « ténèbres extérieures » qui étaient les ténèbres de l'ignorance. La sphère s'épurait en se consumant, mais il viendrait un temps éloigné où les sphères devenues de plus en plus pures perdraient toute apparence de corps, n'auraient plus de réalité matérielle. Elles deviendraient pur esprit. Elles atteindraient alors un état parfait, celui du Christ retrouvé où la corporéité n'a plus de sens et qui est l'état sans forme des Brahmanistes.

Mais les représentants de l'Église, réunis au concile de Constantinople en 553 sous la présidence de Justinien, ne purent supporter l'idée qu'après des âges sans fin, ceux qu'ils appelaient les méchants, spiritualisés à leur tour, seraient pardonnes et rentreraient dans le sein de Dieu. L'antique vengeance hébraïque devait braver le temps et survivre au Jugement dernier. Ils mirent à l'index les doctrines d'Origène et notamment celle de la réincarnation. Le corps sphérique du pécheur était condamné à devenir de plus en plus ténébreux, de plus en plus opaque. Dévoré d'une flamme sans éclat, il devait tourner sans fin autour d'un soleil de ténèbres condensées, parmi les planètes de pierre, dans un vide matérialisé,

---

tionnelle et il recommande de ne pas la divulguer. »
Saint Justin martyr dit que lorsque l'âme s'est trop éloignée de Dieu elle transmigre dans des corps de bêtes sauvages.
« Les êtres spirituels, dit Origène, voulurent se matérialiser. Les plus mauvais devinrent des démons. Les autres furent les hommes qui, par des incarnations répétées dans des corps humains, redevinrent des anges. Ils sont obligés de progresser de sphère en sphère et de prendre des enveloppes variables, selon les mondes qu'ils habitent. »

dans un néant sans espoir.

* * *

Ainsi donc, aussi loin qu'on remonte dans l'antiquité des philosophies et des religions, on trouve sur la mort, sinon une conception tout à fait semblable, du moins une identité sur les points les plus essentiels. L'âge vénérable des croyances ne constitue pas une preuve absolue. Tout le monde a pu se tromper. Mais le plus sceptique doit être impressionné par la concordance des affirmations et la valeur de ceux qui ont affirmé.

Chez les Hindous, chez les Egyptiens, chez les Chaldéens, chez les Grecs, dans la Kabbale, dans la religion des Druides, chez les premiers chrétiens, dans Platon, dans Plotin et ses disciples, dans toutes les sectes qui se sont données secrètement la main à travers tout le moyen âge, on trouve la même adhésion aux idées suivantes, revêtues de noms différents et exprimées de façon diverse.

L'homme a plusieurs corps invisibles qui, au moment de la mort, se séparent du corps physique. Ces corps invisibles qui constituent l'âme séjournent dans des mondes successifs. Ces mondes sont pour les uns situés dans un point éloigné de l'espace, pour les autres, ils s'interpénètrent entre eux. La connaissance des choses de l'au-delà est la seule qualité qui permette de ne pas souffrir. Le but suprême est le retour à l'unité divine et ce retour s'effectue à travers des vies successives, soit sur la terre, soit dans d'autres mondes, soit dans la forme humaine, soit dans d'autres formes.

Toutes les religions et tous les grands sages de l'antiquité ont été unanimes à considérer la terre comme un misérable séjour de souffrances auquel il convient d'échapper. La vie n'est pas la réalité et nous voyons le monde à rebours. La mort est désirable. Il y a donc une opposition fondamentale entre la croyance des religions et des sages et celle de la majorité des hommes qui pourtant observent les rites des religions et honorent la sagesse des sages. Pour cette majorité, la vie n'est pas le moyen, mais le but. La procréation qui la perpétue est considérée comme sacrée. Le plaisir est l'élément essentiel pour lequel on vit. La mort est redoutable. Il convient de mettre en lumière cette contradiction pour savoir de quel côté on doit se ranger, avec la foule des ignorants ou avec les intelligents et les parfaits.

Le Véritable Secret de la Mort

Je vais résumer le véritable secret de la mort tel qu'il a circulé parmi les hommes depuis le commencement du monde. Ce secret est extraordinaire à cause de la faculté mystérieuse qu'il possède. En vertu de cette faculté qui lui est propre, il a beau être énoncé avec clarté, il ne se grave jamais dans la mémoire humaine et celui à qui on l'expose et qui l'a compris demeure exactement au même point d'ignorance, comme s'il n'y avait eu ni énonciation, ni compréhension. Pourtant sa parole est plus véridique qu'un cœur innocent, plus fixe que l'axe de la terre, plus révélatrice de profondeurs stellaires qu'aucune lunette d'astronome. Il a habité l'esprit de maint philosophe, les membres de maintes sectes l'ont connu et se le sont légué comme un héritage, les sages de tous les temps se le sont passé de main en main. Mais peut-on se passer l'eau fluide de main en main ? Les hommes continuent à considérer la mort comme une énigme redoutable, à cause de l'étonnante propriété qu'a le secret de s'effacer aussitôt qu'il a été prononcé.

Quand l'homme est sur le point de mourir de ce qu'on appelle une mort naturelle, bien que toutes les morts soient naturelles, il a généralement la position allongée. Il devrait plutôt être à genoux pour remercier, car de cette marâtre nature qui jusqu'à présent s'en est montrée si avare, il reçoit un précieux bienfait.

Au moment où il va quitter les êtres et les choses qu'il aimait il sent en lui une mystérieuse décroissance de l'attrait de vivre. Cela ne s'était jamais produit pendant sa vie. Quand il avait perdu sa fortune, la possession de l'argent ne lui avait pas désormais paru inutile. Quand sa maîtresse bien-aimée l'avait quitté, il ne l'avait pas désirée avec moins de force. Au contraire, le désir était devenu plus intense parce qu'il n'était plus réalisable. Pour la première fois, une heureuse harmonie se produit. Au moment où l'indifférence peut le préserver du désespoir, quelque chose d'analogue à l'indifférence se glisse en lui. Il n'a le temps ni de s'en étonner, ni de s'en réjouir, ni même d'en avoir conscience. La dissociation de son être véritable et de son corps physique se produit avec la même simplicité neutre que le phénomène de la naissance par l'union des germes, dans le ténébreux berceau de la matrice.

Comme dans le phénomène curieux du sommeil, auquel nous sommes habitués mais qui est extraordinaire, l'organe de la vue cesse le premier de fonctionner. L'organe de l'ouïe persiste le dernier et l'homme qui meurt et qui a toutes les apparences de la mort, entend encore les paroles prononcées autour de lui, mais voilées et comme si elles étaient prononcées à travers du coton.

Sous la forme d'un léger brouillard teinté de violet et presque toujours invisible, il quitte sa dépouille par le sommet du front et il la quitte à angle droit. L'attraction de la terre ne se fait plus sentir avec la même force et il s'élève. Parfois des témoins particulièrement sensitifs ont vu le mystérieux départ, à la dernière seconde de l'agonie. Charles Henry, au cours de ses expériences a pu assigner un poids à la forme invisible qui vient de pénétrer dans l'autre monde.

« Qu'il repose en paix et qu'éternellement la lumière de Dieu brille au-dessus de son front », dit l'admirable prière chrétienne. Celui qui survit à un être qu'il a aimé et cherche comment il peut lui venir en aide n'a pas besoin de formuler un autre souhait. Durant la redoutable vie l'homme s'est endormi chaque soir. Le choc dissociant de la mort lui procure un sommeil analogue. Il dort. Il ne sait pas. Il ne voit pas. Il ne verra plus, car il a perdu les organes matériels par lesquels les vivants perçoivent et communiquent les uns avec les autres. Ceux qui continuent à vivre auprès du mort s'étonnent et se désespèrent que, puisque l'âme subsiste, elle ne puisse exceptionnellement en leur faveur, produire quelque manifestation témoignant de son existence dans l'au-delà.

Il y a entre un monde et l'autre une séparation d'autant plus inexorable que l'espace n'y est pour rien et que ces mondes, s'interpénétrant, existent dans le même lieu. Celui qui est parti ne peut revenir. Il ne doit pas revenir. S'il tentait de le faire, c'est qu'il serait encore errant dans les courants terrestres, en proie aux tentations prématurées de l'incarnation. Au lieu de se délecter de sa présence mortuaire, les vivants devraient le supplier par la prière de ne pas tenter ce vain retour et de se laisser aller au fleuve du monde.

Celui qui vient de mourir ne dort pas éternellement. Il a perdu sa forme physique et son sommeil a lieu sur un plan où les rapports entre l'homme et le temps et l'espace sont différents. On peut en formuler ainsi la règle qui les régit: A mesure que l'on s'élève dans un état de matière plus subtil, le temps est plus rapide, l'espace moins mesurable et plus aisément franchi. L'état de perfection idéale doit être débarrassé de toute notion de temps et d'espace.

Le sommeil de l'homme après la mort a donc une durée relative pour chacun. De même que, dans la vie, celui qui a une occupation passionnante pour sa matinée, s'éveille plus tôt que celui qui n'a rien à faire, de même, après la mort, celui qui se croit des tâches ou des devoirs, se réveille pour les remplir. Ce réveil est mêlé d'étonnements et aussi de terreurs si ce fut avec terreur que l'âme considéra la mort de son vivant.

L'homme est dans un monde nouveau, régi par un principe différent de celui de la terre. La concentration, l'effort de tout ce qui était vivant pour se matérialiser était la loi de la vie physique. Brusquement, il doit obéir à un mouvement d'ordre inverse, celui de la force centrifuge et de l'expansion.

Il se retrouve au milieu des ténèbres et il perçoit, non avec ses sens, mais avec une faculté interne encore embryonnaire, le mouvement de la vie universelle qui se développe autour de lui avec une rapidité de vibrations inconnue jusqu'alors. Il sent des passages de créatures dont les formes lui sont nouvelles. Des courants l'entraînent. Les attractions et les répulsions sont souveraines et il est lancé des unes aux autres. Une immense nuit est autour de lui et il cherche éperdûment à s'y diriger. Ce n'est que par l'effort de sa pensée intérieure qu'il arrive à changer les ombres qui l'environnent en un vague crépuscule. C'est selon son degré de connaissance qu'il est victime des épouvantements de l'inconnu ou qu'il participe tout de suite de l'ivresse joyeuse et légère d'une vie nouvelle.

Malheur à celui qui n'a jamais pensé à la mort et qui ne s'y est pas préparé par une sagesse terrestre ! Toutes les religions et toutes les philosophies ont été unanimes à travers les âges. Seule la connaissance de ce qui doit arriver, l'intelligence réfléchie, permet de traverser sans douleur, guidé par la lumière qu'on projette soi-même, le royaume où l'on n'a plus d'yeux pour voir.

Quand l'âme sort lentement de l'incohérence du sommeil, elle est traversée par le rayon du souvenir. Ceci est la minute essentielle, solennelle, le point déterminant de la vie future. Ce réveil garde encore une analogie avec le réveil de l'homme vivant après une nuit ordinaire. L'homme vivant, qui sort du sommeil, reconstitue sa personnalité par le souvenir de ses préoccupations de la veille, la représentation des actes qu'il va accomplir dans la journée. L'homme mort a besoin d'une représentation plus vaste et c'est le déroulement de toute son existence qu'il voit comme une succession de tableaux plus ou moins rapides devant ses yeux. Et c'est ce déroulement qui constitue le jugement du mort.

Mais pour ce jugement, les Dieux d'aucune religion ne sont présents. Les quarante-deux juges égyptiens ne siègent dans aucune vallée mystique autour d'Osiris, dominé par les effigies du crocodile et du serpent. Minos, Eaque et Rhadamante ne sont pas là, et la symbolique balance des péchés ne fait pas osciller ses plateaux sur son axe éternel. L'homme solitaire contemple sa vie, la suite de ses actions, la suite de ses pensées, et quelle contribution les unes et les autres ont apportée à la perfection de son âme. Il se juge lui-même dans la mesure où il possède une faculté de jugement. La balance est en lui, il divise lui-même le bien et le mal ; il charge les plateaux et il tient l'aiguille.

Celui qui ne se reconnaît pas de faute, n'en a pas commises. Aucun châtiment n'est réservé dans l'au-delà au plus grand des criminels, si sa conscience est tranquille.

L'ignorance est la seule faute dont les bons et les méchants sont également punis par l'égarement, l'ombre et la peur. Car la nature, avec la lenteur de ses réactions, oppose à notre espérance de justice une apparente mais inexorable injustice. Ce que nous appelons, dans notre langage enfantin, le châtiment des méchants, ne se produit dans l'au-delà qu'avec la naissance de la conscience, c'est-à-dire après bien des vies. Celui qui est puni n'a de peine personnelle que sous la forme du remords et comme le remords n'est engendré que par la conscience, il n'est puni, en somme, que lorsqu'il commence à devenir bon.

Dans le monde intermédiaire oh l'homme se trouve après la mort il y a une souffrance spécifique du milieu qui s'exerce également sur les vertueux et sur les pervers. C'est celle qui provient de la non réalisation des désirs. Tout désir qui a besoin d'un corps physique pour être satisfait cause à l'homme privé de corps une appétence qui est analogue à la caresse de la flamme ou à celle de la glace vive. C'est ce qu'on a appelé le tourment de l'enfer. Mais cette souffrance ne peut être de longue durée. Plus le désir a des causes matérielles et plus il s'épuise lui-même rapidement.

L'homme qui n'a cultivé dans sa vie ni son intelligence ni ses affections est entraîné par les attractions de la vie terrestre. Il n'aspire qu'à se rassasier de la jouissance de vivre dans la chair et il se précipite aveuglement sur un germe vivant par le développement duquel il retrouvera l'existence. La loi d'attraction par laquelle les semblables s'attirent est telle que le violent sera appelé par un germe dans lequel sa violence pourra se réaliser, que le luxurieux tombera de lui-même dans le germe conformé pour la luxure. Et il ne s'ouvre pour ceux-là, d'ailleurs, aucune autre possibilité.

Mais l'homme qui arrive dans l'au-delà avec la richesse de ses affections se trouve dans le pays où l'affection est une réalité. Le corps qu'il possède, corps de nature magnétique, pourrait être appelé corps affectif. C'est le Linga Sharira des Hindous, le Nephesch des Kabbalistes, le corps astral des théosophes. L'attraction et la répulsion sont les lois essentielles de ce monde nouveau. Si les défunts ont gardé des affections pour des êtres laissés sur la terre, ils seront naturellement emportés vers ces êtres, ils vivront dans leur atmosphère, ils connaîtront cette douceur qu'ils appelaient de leur vivant « le plaisir d'être ensemble ». Ce plaisir d'être ensemble sera en rapport avec leur capacité générale d'aimer. S'ils ont développé en eux l'amour de leurs semblables ils attireront à eux d'autres créatures errantes, ils se joindront à des groupes dont la réciproque sympathie sera une source de bien-être. Cela se prolongera durant un temps variable selon la puissance affective de chacun et selon les possibilités de son intelligence.

Car ce qui importe, c'est de s'élever hors de cette région intermédiaire, de changer le crépuscule de lumière morte qui baigne les défunts en la lumière vivante de la région spirituelle. De même que chacun brûle du propre feu dont il est l'aliment, chacun y voit avec la clarté qu'il a en lui et qu'il allume lui-même.

La forme dans laquelle l'homme subsiste après la mort emprunte le contour du corps humain. L'homme ordinaire n'y jouit ni de la pleine conscience ni de la volonté. Il est dans un état qui tient à la fois de l'état de veille et de l'état de rêve. Mais il faut retenir que tout ce qui est indiqué est variable avec chaque individu. Il y a autant de destinées différentes pour les hommes morts que pour les hommes vivants.

Celui qui a cultivé l'esprit, qui a créé de son vivant une entité spirituelle capable de dépasser les cercles des courants astraux, sentira cette entité s'éveiller et la conscience réapparaîtra. Cette conscience ne sera plus la même, elle sera plus subtile et plus dégagée des soucis terrestres. Aussi, à mesure qu'elle revivra, le corps se transformera, perdra son caractère humain, deviendra ovoïde, puis sphérique comme le corps décrit par Origène. C'est sous cet aspect qu'il atteindra le monde lumineux de la pensée, ayant subi la deuxième mort, la mort de son corps affectif.

« Ils sont vraiment heureux les hommes qui ont franchi le pont d'or et atteint les sept montagnes d'or de ce lieu séparé de nous par bien des milliers de myriades de systèmes solaires. Là, s'épanouit la divine fleur d'Oudambara qui plonge une racine dans l'ombre de la terre. » Ainsi s'est exprimé le Bouddha.

C'est là le Devakhan, le paradis des chrétiens, le séjour plastique des idées platoniciennes, où la pensée a plus de réalité que la matière sur notre terre. Les sept montagnes d'or du Bouddha sont le symbole de sept états différents, c'est-à-dire de sept modes de vibrations de plus en plus subtils. Le principe de ce monde transcendant est davantage beauté que béatitude. Le bonheur y vient surtout de la participation à la vie cosmique et d'un sentiment vivant de fraternité. Un tel bonheur est accessible à peu d'hommes. L'entrée de ce monde idéal n'est jamais la récompense de la vertu. L'immense et parfois incompréhensible loi qui meut les univers est absolument étrangère à notre notion du bien et du mal. C'est une insensible loi de cause et d'effet. Les seuls bons sont ceux qui se conforment à la loi. Les seuls mauvais ceux qui s'en détournent. Il est vrai qu'il y a très souvent coïncidence entre ce que les hommes appellent vertu et l'état de compréhension et d'amour qui ouvre la porte du Devakhan. Mais combien y en a-t-il qui ont mené sur terre une vie parfaite et qui au cours de cette perfection trop humaine n'ont pas modelé en eux l'essence subtile, le corps divin qui leur permettrait la jouissance de l'esprit. Ceux-là ne sont pas rejetés sur un seuil inexorable... Ce seuil n'existe pas pour eux. Ils n'ont pas la possibilité de le voir et s'ils le voyaient, son aspect serait sans attrait. En vertu de leurs affinités terrestres, ils sont rappelés par le désir de se matérialiser, ils redescendent vers la manifestation physique, avides de s'incarner dans des formes corporelles.

Les autres, les possesseurs du corps sphérique, s'épanouissent, se dilatent, s'exaltent avec l'épanouissement, la dilatation et l'exaltation de ces fleurs d'Oudambara dont parle le Bouddha dans ce langage imagé qui le rend si souvent incompréhensible pour nous. Ils vivent parmi les imaginations protéennes, les créations idéales composées avec des prismes qui ont quarante-neuf couleurs, rythmées par des musiques résonnant sur quarante-neuf notes. L'intensité des vibrations de la vie est si grande que le bonheur de l'homme qui y est mêlé a un caractère vertigineux. L'essence de ce bonheur est difficilement descriptible parce que rien dans le monde physique n'en approche. Ceux qui ont tenté de le décrire sont tombés dans de grossières erreurs comme celle de Dante qui place dans son paradis des souverains, parce qu'ils ont été bons souverains, des moines combattifs, parce qu'ils ont bien combattu pour leur religion et au milieu de la ronde des anges, ils discutent sur des points de scolastique.

Ce que l'on peut dire du bonheur des mondes spirituels dans lesquels il est donné à l'homme de parvenir, au dernier stade de sa course humaine, dans une forme spiritualisée, mais toujours existante, c'est que ce bonheur est produit par l'alchimie intime de l'intelligence et de l'amour parvenus à leur degré le plus élevé.

Mais tout bonheur dont la possibilité a été générée sur la terre finit à travers les temps par se consumer et arrive à son extinction. Platon fixait à mille ans la durée d'une vie à l'autre pour un homme ordinaire. Les modernes théosophes indiquent le chiffre approximatif de quinze cents ans*. Après un délai difficile à évaluer et variable pour chacun, la fleur Bouddhique d'Oudambara se souvient qu'elle a une racine qui la tient à la terre et lui communique une sève de vie. L'âme humaine a épuisé sa puissance spirituelle. Elle n'est plus qu'un réceptacle virtuel, une potentialité d'existence. Cette énigmatique ardeur à vivre et à se développer qui est le principe du monde et qu'elle porte en elle à son point central, va la projeter à nouveau dans une incarnation terrestre.

Sankaracharia, un des plus grands philosophes de l'Inde a annoncé avec mélancolie :

— Il est difficile pour les créatures sensibles d'atteindre une naissance humaine.

Il admettait donc que l'âme humaine ne rentrait que difficilement dans un corps soit parce qu'il y a plus d'âmes que de corps, soit à cause d'une difficulté propre à cette union, qui est, en elle-même, la plus étrange qu'on puisse imaginer. C'est au moment de cette poussée dans l'incarnation que doit agir la loi dans laquelle on a voulu voir une récompense ou un châtiment. Chacun a-t-il la vie qu'il a méritée par les actions et les pensées de sa vie précédente ? Il n'y a pas de mérite et de démérite. Il y a des causes et des effets. Selon sa fureur de vivre et l'appel de ses attractions chaque âme se précipite dans le germe où elle pourra se réaliser et elle le conforme à sa nature par la possession. La

---

* D'après le philosophe clairvoyant Steiner, Voltaire aurait vécu au moment de l'invasion des Arabes en Espagne. Il se serait réincarné une autre fois, durant le moyen âge, dans un corps de femme avant d'être Voltaire. Cela ferait une séparation d'environ cinq cents ans entre les vies. D'après Steiner encore, Eliphas Lévi aurait vécu en Amérique un peu avant sa découverte par Christophe Colomb et aurait eu deux autres existences avant de réapparaître au XIXe siècle. Les spirites, d'après les indications des médiums, fixent pour la succession des vies des dates beaucoup plus rapprochées. Ces renseignements d'ordre merveilleux sont donnés, naturellement, sans autre preuve que la bonne foi de celui qui les donne. Les différences entre les vies doivent être très variables, de cinq minutes à quelques siècles et relatives au degré de conscience de chacun.

précipitation, le désir impérieux de se matérialiser sont des causes de chute dans des germes inférieurs.

Mais c'est avant cette chute que s'est posé le problème capital non seulement de notre vie, mais de la chaîne de toutes nos vies. Dans quelle mesure pouvons-nous échapper au retour sur la terre, éviter les maux sans nombre de l'incarnation et atteindre une vie d'un ordre plus élevé ? C'est là le vrai but de l'homme et ce but est réalisable.

* * *

Tel est le secret de la mort qui fut transmis depuis les temps les plus reculés, le secret qu'ont connu toutes les religions et tous les sages hommes de la terre. Ceux qui l'apprennent, hochent la tête et continuent à douter en disant qu'ils ne savent rien. Il se peut que ce soit à cause d'une native stupidité humaine. Il se peut que cette impossibilité à croire à la durée de l'âme et à la succession de ses vies soit une nécessité primordiale de l'ordre des choses, comme l'impondérabilité du feu ou l'équilibre des planètes.

Peut-être la certitude d'une existence meilleure après la mort pousserait l'humanité tout entière à un suicide rapide. Peut-être un légitime sentiment de responsabilité empêcherait les hommes de procréer pour éviter l'erreur de l'incarnation à ceux qui n'y sont pas encore tombés. La terre physique serait désertée. Les fins que poursuit la nature seraient détournées de leurs cours. Elle ne pourrait plus nous imposer un séjour dans le sein d'une torturante matière. Les âmes par leur propre force divine trouveraient une autre voie pour grandir en perfection. Nous verrons plus loin comment on peut envisager cette lutte et dans quelle mesure l'homme qui modifie les lois inférieures de la nature, pourrait aussi modifier sa loi essentielle et rendre le monde qu'il habite silencieux et vide comme un sépulcre.

La Lutte Contre la Vie par la Suppression du Germe

« Ô mon Dieu, puisque la vie est si mauvaise, je ne veux pas donner le jour à un enfant qui souffrira comme j'ai souffert et qui, en procréant à son tour, fera souffrir d'autres créatures.»

J'ai entendu cette parole et elle m'a déchiré. Elle fut dite, un soir, sur une avenue déserte où la pluie faisait de grandes flaques brillantes et où, par un curieux mirage, c'était la boue qui éclairait.

La femme qui prononça ces mots était assise à côté de moi sur une terrasse de café. Elle les murmura à voix basse, avec une sorte de crainte et elle courba aussitôt la tête en regardant de côté, comme si elle redoutait un châtiment immédiat pour cette révolte contre la loi primordiale de la vie. Sa voix était enrouée, terne était la couleur de sa peau, et bien qu'elle fût petite, misérable, elle me parut rayonner de toute la beauté du courage.

Elle ne m'en dit pas davantage, mais je compris sa détermination, la portée de la lutte qu'elle entreprenait. Elle avait mesuré la création de l'être douloureux dont son corps allait être le réceptacle. Elle se refusait à élaborer ce mal qu'était la vie, à préparer le drame de la future mort. Elle supprimait la cause qui était la naissance. Et je ne pus m'empêcher de l'admirer pour avoir fait le sacrifice de la joie maternelle et ne plus espérer qu'une victoire à jamais désespérée.

J'entrevis au-dessus de sa tête toutes les puissances qu'elle allait braver pour avoir au cœur plus de pitié que la loi divine. C'était une malédiction aussi vieille que le monde qui frappait celle qui se refusait à la création. Les juges au visage de marbre se tenaient dans les tribunaux avec leur sentence toute prête. On l'enfermerait dans une cellule, on la torturerait par des interrogatoires. Et au-dessus de ses juges, il y avait dans l'invisible, un autre tribunal imaginé par les religions, plus inexorablement lent et plus dépourvu de pitié. Celui-là élaborerait des maladies aux répercussions interminables qui mineraient les fondements de son organisme. Il la torturerait par le remords et sous le nom de purgatoire ou de loi de Karma il lui ravirait encore le repos posthume. Car aux yeux de la société comme aux yeux de Dieu il n'y a pas de plus impardonnable crime que celui qui s'exerce contre la sécurité de sa vie.

Aucune parole humaine ne résonna plus profondément en moi. Je me souviens que je considérai attentivement le crâne incliné de la femme qui l'avait prononcée et la lumière de son regard pour savoir si elle se rendait compte de la portée de sa résolution. Les traits de son visage étaient ordinaires. Des mèches blondes tombaient à droite et à gauche du front étroit. Le nez mince et la moue des lèvres pouvaient receler un attrait perdu du plaisir. La sincérité de sa voix et tout ce que je savais d'elle me donnaient l'assurance qu'elle n'avait d'autre mobile que la pitié. Rien, sur elle, ne révélait le courage intérieur, si une goutte de pluie, entre les deux yeux, n'avait étincelé comme une étoile.

Ô mon Dieu! avait-elle dit! Et parfois son visage se tournait vers les impersonnelles figures formées par les immeubles qui étaient devant nous. Je sentais qu'elle les identifiait inconsciemment avec le Dieu qu'elle venait d'invoquer. C'était une organisation anonyme, une machine or-donnatrice de causes, dont on ne pouvait attendre ni aide, ni consolation. Derrière ces portes de métal, sous l'abri de ces façades de pierre se ca-chaient les accouplements générateurs, la perpétuation d'une vie mathé-matique, féconde, dont on ne pouvait pas enrayer le développement.

Et ce soir-là, les gouttes de pluie tombaient inlassablement du ciel. Ainsi, pensai-je, les germes des hommes dans les matrices humaines. Et cela n'avait pas de fin. L'inexorable loi sexuelle poussait les créatures dans l'incarnation douloureuse. Pourtant la chaîne pouvait être inter-rompue, si le chaînon était rebelle et se brisait lui-même grâce à une intérieure force de rupture. Les sages qui dans tous les temps ont prê-ché le détachement et la suppression du désir n'ont pas eu d'autre but que d'arrêter l'incarnation.

On objecte que l'homme doit souffrir pour se perfectionner. En vertu du péché originel ou de son désir primitif de vivre et de jouir par la vie, il est lui-même la cause de ses maux. Les souffrances qu'il subit n'ont pas été voulues par la Divinité; elles sont le résultat de l'ignorance et de l'égoïsme de l'homme dans ses différentes existences.

Mais c'est le principe de la vie sur la planète qui a quelque chose d'inéluctablement féroce dans son essence. Cette férocité qui augmente avec le degré de matérialisation se serait exercée même sans péché originel et sans aveuglement humain. A peine un petit arbre commence-t-il à déployer ses branches que la même nature qui lui a donné hypocritement la sève pour pousser, tente de l'arracher du sol avec le vent, le martyrise avec le froid, le brûle avec la sécheresse. Les espèces animales les plus faibles ont à côté d'elles des espèces animales mieux armées qui les dévorent. Les premières lueurs de l'intelligence humaine servent à lutter contre les colères furieuses ou les caprices inexplicables de la nature. Ce qu'on appelle le progrès n'est qu'une suite de petites victoires contre les lois naturelles. On lutte sans cesse contre ces lois mais on respecte l'une d'elles, celle par laquelle se perpétue la vie et la douleur.

Il semble d'ailleurs que la nature a prévu qu'elle serait attaquée dans sa source génératrice. Si on lui prête une conscience cosmique analogue à celle de l'homme, ce qu'on peut distinguer dans cette conscience, c'est la terreur panique de ne plus vivre, une terreur dont les manifestations sont insensées. Que de précautions pour ne pas laisser s'altérer une des branches du multiforme organisme du monde ! Des millions de pollens sont lancés au vent pour la reproduction de certaines plantes et ces millions de pollens ne sont pas jugés suffisants, puisqu'outre leur nombre, outre les chances assurées qu'ils ont de se placer aux bons endroits de la terre féconde, la nature a encore soufflé à certains insectes l'instinct de les propager par le secouement de leurs ailes. Les espèces animales mettent bas des postérités démesurées. Il y a des pullulements de sauterelles, de rats, de poissons. Et malgré cette abondance de la vie, l'épouvante de mourir qui fait palpiter la conscience cosmique, demeure en somme légitime puisque certaines espèces d'animaux sont brusquement atteintes de langueur et de pauvreté sexuelle, puisque certaines familles végétales, après des épanouissements extraordinaires, se laissent mourir mystérieusement.

Il y a une occulte force de destruction qui fait trembler l'esprit de Dieu. Il a peur de mourir, tout autant que l'homme fait à son image. Quelque chose de mortel l'environne. Il crée une illusion de vie triomphante, il fait jaillir des sexes, il fait couler des flots de semences, mais il n'a pas la certitude d'être éternel.

L'être humain est la production la plus compliquée, la plus savante de sa création visible. Pour le faire apparaître avec ses organes délicats, son intelligence vieillie par les expériences des vies successives, il a accompli un travail immense. Il a doué de vitesse l'atome primitif. Autour d'un noyau, comme autour d'un soleil, il a fait tourner des électrons, animés du pouvoir de s'attirer et de se repousser. Les atomes ont formé des cellules. Les cellules se sont séparées par segmentation. Dans ces cellules multipliées et qui nagent avec délice dans le protoplasma de la glande mâle, s'est mis à vivre un petit serpent, un être étrange avec une tête ovoïde, un peu aplatie et un appendice mobile grâce auquel il fait des bonds. C'est ce petit serpent que l'esprit divin a chargé de la mission de perpétuer l'être humain, fleur suprême des êtres animés. Dans le rapprochement des corps, dans l'activité passionnée, puis dans l'aveugle lassitude du désir, le serpent portant sous son front aplati le mystère des possibilités humaines, doit s'élancer dans les ténèbres du sexe féminin et y rejoindre l'ovule à laquelle il est promis. Pour qu'un seul de ces messagers parvienne au but, l'esprit divin, dans son épouvante de ne pas réussir, a créé d'innombrables petits serpents. Le microscope en peut voir cent mille par millimètre cube. Et par exception, ils sont fraternels et ne se mangent pas les uns les autres. Tous ont la tête levée vers le ciel de la vie. Et il y en a un plus véloce, plus courageux, plus endurant qui, à travers l'humidité chaude de l'amour traverse le corps ouvert de la femme. La flèche génératrice est si rapide, qu'elle pourrait lui monter jusqu'au cœur.

Alors, commence une œuvre inouïe, la transformation du minuscule serpent en un être humain bâti d'os et porteur d'un crâne, réceptacle d'intelligence. Dans les cellules épithéliales traversées, un œuf commence à vivre.

L'œuf devient un embryon avec les caractéristiques du serpent, puis celles du poisson, jusqu'à ce que se dessinent mystérieusement des moignons, la clavicule de la mâchoire inférieure et une fente en bec de lièvre qui sera une bouche pour la parole et le baiser.

Mais que d'échanges dans le sang, afin que l'embryon devienne un fœtus et qu'un bizarre tubercule génital se transforme sans raison apparente en sexe mâle ou femelle ! Il ne suffit pas seulement de l'effort de la mère, porteuse du fœtus qui gardera neuf mois son fardeau. Toutes les influences terrestres sont en œuvre pour que l'être conçu vienne à terme. Les souffles des climats, les ondes électriques, les aliments subtils de l'air collaborent à créer la machine organisée où doit vivre une conscience. Et ce n'est pas seulement la planète qui réunit ses forces pour ce chef-d'œuvre imparfait que sera l'homme, ce sont aussi les autres planètes du ciel qui envoient leurs influences en dictant la destinée de la créature, c'est la lune qui agit sur la génération comme sur les époques marines, c'est le soleil, protecteur des enfants nés avant midi, c'est toute l'immensité cosmique.

La nature a peur de mourir et elle veut nous tenir enfermés dans les cercles de ses manifestations. Gloire à la créature qui, insoucieuse des préjugés ancestraux, brave la douleur causée par l'arrachement du germe, l'appel de son instinct maternel et tous les châtiments sociaux et divins ! Gloire à celle qui engage loyalement le combat contre le Dieu des formes vivantes, le sombre frère du Dieu spirituel ! Gloire à celle qui a assez d'amour pour refuser à son enfant bien-aimé et inconnu le supplice terrestre, et, avec le germe palpitant et chaud de sang, le rejeter dans le royaume de la lumière immatérielle !

Cette créature se leva tout à coup et elle me tendit la main, comme si je m'étais trouvé à une grande distance, de l'autre côté d'un abîme. Je la regardai s'éloigner sur le trottoir de l'avenue. Elle ne paraissait pas avoir conscience des puissances hostiles liguées contre elle. Entrevoyait-elle l'aiguille de la sage-femme, le mélange des poisons qui précipitent le sang, l'apparition d'un têtard aveugle sur un drap souillé ? Elle s'en allait à petits pas, dans l'éclaboussement léger des gouttes, portant dans son cœur, comme un soleil caché, sa pitié plus forte que la vie.

Au loin, une vitrine de pharmacien faisait sur le trottoir, avec ses bocaux coloriés, une sorte d'arc-en-ciel manqué. Comme l'arc-en-ciel de Noé, après le déluge, ce n'était pas le signe de la réconciliation, mais celui de la lutte éternelle de la nature et de l'homme.

L'Incinération et la Pourriture du Corps

L'horreur que l'idée de l'incinération inspire à beaucoup de gens provient d'une espérance inavouée d'éternité physique et de résurrection dans la chair, dans la même chair bien-aimée que celle que l'on possède au moment où le problème est envisagé. La simple réflexion devrait faire concevoir que la destruction par la pourriture du corps, dans une petite demeure souterraine de bois ou de pierre, est aussi radicale, bien que plus lente.

Et si un germe analogue à ce souffle des ossements dont parle la Kabbale, devait conserver le modèle de l'être, l'essence de sa vie et de sa forme, ce serait un germe invisible qui pourrait résister à toute destruction matérielle, à celle du feu, comme à celle du tombeau.

Le choix entre les différentes manières dont le corps doit être supprimé a une certaine importance. Le choix devrait être relatif au développement de chacun et à son détachement des choses de la terre. Celui qui meurt avec un légitime amour pour ses proches, pour les objets qui l'entourent, la matière vivante qui l'enveloppe d'un cadre de beauté, sera, s'il se fait brûler, brusquement dépouillé du point d'appui qu'il conservait sur la terre, par le jeu des affinités. La mort le sépare à jamais de tous ses amours inscrits dans la forme. Mais il peut encore errer dans les lieux où il a vécu, flotter dans l'atmosphère de ceux qu'il aime, y trouver la jouissance vitale de leur affection.

Cette recherche a un attrait désespéré. Mais elle n'est pas consciente. Pour l'être moyen, elle a lieu jusqu'au moment où, attiré par ce qu'il désire, il s'élance dans l'incarnation nouvelle.

Si, au contraire, l'homme, par la consomption du feu, perd tout lien avec la terre, si sa dépouille devient une poussière sans affinité d'aucune sorte, il est détaché du monde des formes. Les attractions cessent de s'exercer sur lui. Il aura du mal et peut-être une impossibilité formelle à retrouver l'atmosphère de ceux qu'il a laissés. Il risque d'être emporté par des courants fluidiques hors des cercles de sa planète. Il faut pour affronter un tel état, qu'il soit pur de désirs, dépouillé d'affections, illuminé par la sérénité de sa conscience.

Il aura peut-être alors plus de difficultés pour se réincarner parmi ces formes dont il aura voulu détruire le plus radicalement possible la dernière occupée par lui. Car notre volonté subsiste en nous en tant que force agissante. Sa difficulté à se réincarner viendra de lui-même, vu qu'il aura créé une force de destruction de forme. Cette difficulté ne sera naturellement pas absolue et n'agira que comme retard, le désir de la vie reprenant toujours le dessus tant qu'il n'a pas été éteint consciemment. Mais l'absence de fil conducteur le fera peut-être se réincarner dans un milieu étranger.

J'ai remarqué qu'en France les quelques personnes qui tenaient à être incinérées et notifiaient ce désir dans leurs dernières volontés étaient celles qui, bien qu'ignorantes, avaient un vague instinct que l'incinération était une séparation plus complète avec une terre où ils ne goûtaient pas de bonheur. Ils pensaient confusément éviter dans une certaine mesure un retour trop rapide, par la volonté de détruire la forme en leur possession.

Mais l'incinération qui est sage pour les sages ne peut guère être pratiquée dans un pays où règne l'ignorance des choses de la mort. Les Grecs avaient fixé un délai de dix jours entre la mort et l'incinération. Chez les peuples les plus barbares où l'incinération est usitée, les morts sont gardés au moins cinq jours avant d'être brûlés. L'incinération rapide, telle qu'on la pratique chez nous, est un acte d'imprudence anticipée.

Qu'ils reposent en paix! disent toutes les prières des morts. Ce repos est nécessaire pour le détachement du corps invisible. Le corps invisible se détache généralement d'une façon immédiate. Mais chez ceux qui ont un violent désir de la vie ou dont la mort est brusque, le lien se rompt avec plus de lenteur. Il faut qu'il y ait un commencement de décomposition pour que le corps affectif quitte le corps dont il était le double depuis des années. Il arrive que le double n'est pas encore détaché au bout de trois jours, ou même davantage. L'incinération peut donc être considérée comme une imprudence, tant qu'elle est pratiquée par des hommes barbares qui ne savent rien de la vie future et n'en veulent rien apprendre.

A Malabar et sur la côte de Coromandel il y a eu pendant des siècles un usage qui a soulevé une immense réprobation dans le monde mais qui cachait une profonde sagesse. L'épouse ou les épouses du mort étaient brûlées avec lui. Cet usage n'était cruel que par son exagération et par le nombre d'épouses consumées. Si cinquante femmes étaient brûlées à la mort d'un roi, il était difficile de supposer que ce roi était passionnément aimé de ces cinquante femmes, aimé jusque dans la mort. Mais si une femme ou même plusieurs femmes ont fait à un homme le don d'elles-mêmes, le seul moyen certain de ne pas le quitter par la mort est de mourir avec lui et de mourir dans la communauté du feu.

Le feu a un pouvoir d'union en même temps que de destruction. C'est dans l'intense feu solaire que vibrent les êtres supra-divins qui ont atteint le plus haut degré d'union. Le feu rend la séparation du double et du corps définitive. Mais les doubles qui se chérissent sont unis dans cette destruction. Les créatures qui se sont aimées et ont fait le rêve de demeurer ensemble, sont lancées, confondues, dans les mondes sub-terrestres. Elles réalisent l'unité qu'elles ont conçue pendant leur vie. Elles échappent à la recherche et au changement. Elles connaissent, pour quelques minutes de souffrance physique, une longue durée de bonheur divin. Heureux les amants dont les corps sont dévorés en même temps par le feu!

Jetant sur ma vie un regard en arrière, je vois que je n'ai jamais connu aucune créature assez dépourvue du désir de vivre et assez riche d'amour et de certitude pour monter avec moi sur un bûcher tel que ceux qu'on dressait sur les rivages du Coromandel. Je le regrette et il n'y a aucun égoïsme dans ce regret. J'aurais été prêt à faire un pacte de réciprocité avec celle qui, vivante, aurait affronté le feu pour me suivre. Je crois sincèrement qu'une douleur atroce, mais passagère, ne serait pas payer trop cher l'union par la flamme. Nous verrons plus loin, comment, dans cette union par delà la mort, se cache l'idéal secret de la nature et combien nous avons d'intérêt à l'atteindre.

L'Endura des Albigeois

Le meilleur moyen de vaincre la mort serait de supprimer sa cause première qui est la naissance. Les sages, qui, dans tous les temps ont prêché le détachement et la suppression du désir n'ont pas eu un autre but. S'il n'y a plus désir, il n'y a plus génération. Mais ils n'ont pas été jusqu'au bout de leur pensée dans la crainte de soulever la réprobation de tous les amants de la vie.

Ceux qui trouvent la vie mauvaise peuvent mettre un terme à ce mal en détruisant leur propre vie par la violence. Cela paraît simple *a priori*. Mais outre le courage nécessaire pour pratiquer le suicide, il semble, si on examine avec soin le problème, qu'il est infiniment plus complexe qu'il ne le paraît.

D'ailleurs toute simplicité trop éclatante dans une loi de la nature cache toujours pour l'homme quelque piège dangereux.

L'idée du suicide paraît odieuse surtout à ceux qui ont l'amour de la vie. Il épouvante ceux qui souffrent à l'extrême parce qu'ils ne sont pas assurés de ne pas trouver après la mort un état pire et dans beaucoup de cas, c'est ce qui pourrait leur arriver. Ceux qui ont la certitude que les états qui suivent la mort sont meilleurs que ceux de la vie pourraient envisager favorablement le suicide. Ils ne le font pas la plupart du temps ; et ils ont raison dans un grand nombre de cas. Mais pas dans tous.

Il n'y a aucune raison métaphysique pour considérer le suicide comme une action mauvaise en elle-même. Elle est la plupart du temps une action mauvaise, mais c'est pour des raisons pratiques, à cause de ses fâcheuses conséquences dans l'au-delà. Si on reconnaît à l'homme le droit de se donner à lui-même la vie par son désir, on ne peut lui discuter le droit de se donner la mort, la vie étant rigoureusement l'égale de la mort. Si l'on objecte contre le suicide qu'il y a un ordre des choses divin qui ne doit pas être interrompu par la volonté humaine, il est raisonnable de répondre qu'une volonté de suicide peut être considérée comme faisant partie de cet ordre divin. Souvent un homme est poussé au suicide par une longue suite de causes et d'effets auxquels il n'est pour rien. Son acte, déterminé par des événements rigoureux, prend un caractère providentiel, c'est-à-dire dirigé par les vues de ce qu'on appelle la providence. L'ordre divin a prévu dans son organisation les morts violentes, les guerres, les épidémies et les suicides au même titre que les autres fatalités.

Le suicide dans l'antiquité n'inspirait pas l'horreur avec laquelle on l'envisage aujourd'hui, Platon reconnaissait beaucoup de cas dans lesquels il était permis. «Une position pénible» ou «la crainte d'un avenir de malheur» étaient des raisons suffisantes à ses yeux. Les stoïciens énuméraient cinq cas où le suicide était légitime et dans ces cinq cas figurait la pauvreté.

Le philosophe Zenon trouva pour lui un cas supplémentaire, la réponse à une sorte d'appel entendu par lui seul. Il avait soixante et dix ans, âge où croît d'ordinaire le goût de vivre, et il menait à Athènes une existence calme et paisible. En sortant de son école, il tomba et resta, quelques secondes, étendu à terre. On le vit prêter l'oreille et il dit: Il est inutile de m'appeler, je viens! Et de la main, il donna quelques petits coups sur le sol, pour confirmer cette arrivée. Il rentra chez lui et s'étrangla.

Chez les Gaulois, quand quelqu'un était résolu au suicide, il demandait la convocation d'une sorte d'aréopage composé des habitants les plus sensés de la ville. Il exposait les raisons qu'il avait de quitter la vie et si ces raisons étaient reconnues valables, il recevait une autorisation officielle. On sait que la vie après la mort était considérée par les Gaulois comme une certitude si grande que beaucoup de transactions s'effectuaient par un crédit qui n'avait sa réalisation que dans l'au-delà.

C'est le peuple juif dont tous les occidentaux sont les héritiers moraux qui a donné à la vie le prix démesuré que nous lui accordons. Ce prix est basé sur l'amour de la jouissance physique et sur le matérialisme secret qui se cache dans le cœur des chrétiens, même les plus croyants. La loi de Moïse privait les suicidés de sépulture. L'église romaine inventa des supplices pour les punir. Durant le moyen âge, on arrachait les pierres du seuil de la maison de l'homme qui s'était suicidé parce qu'on devait traîner son corps jusqu'aux fourches patibulaires et que ce corps n'était pas digne de toucher les pierres de Dieu.

Malgré ces lois rigoureuses, ce fut au XIIIe siècle dans le midi de la France que se répandit une secte dont les enseignements se rapprochèrent le plus de la sagesse que doit posséder l'homme sur la terre. Les croyants de cette secte sont connus sous le nom d'Albigeois*.

Les Albigeois du Languedoc reconnaissaient comme les Bouddhistes de l'Inde que l'esprit et la matière sont les pôles opposés de la même force et ils identifiaient le bien avec l'esprit et le mal avec la matière. L'homme, composé de ces deux éléments était lancé par la transmigration dans le monde des formes changeantes.

Il était retenu dans le perpétuel tourbillon des transformations par son attachement au principe de l'existence. Pour échapper à la douleur de la matière et atteindre la joie de l'esprit, la joie de l'état divin, il fallait supprimer le désir de la vie.

Ils frappaient la vie jusque dans ses sources. Ils considéraient l'union de l'homme et de la femme comme détestable et ils enseignaient que le mariage était plus coupable qu'une union illégitime parce qu'il faisait consacrer par la société et par Dieu un état permanent de péché. Pour eux, l'acte sexuel de l'amour avait un pouvoir d'appel, une force magique d'attrait qui appelait une âme à la vie. Les âmes goûtaient une vie de béatitude et de volupté céleste et les hommes en s'ac-couplant leur offraient par la volupté matérielle une tentation d'incarnation.

La conséquence naturelle de la suppression du désir était la suppression de la vie elle-même. Ils pratiquaient le suicide sous toutes les formes, mais ils avaient reconnu et d'une façon très judicieuse que la manière de mourir la plus pratique en vue de la vie de l'au-delà était ce qu'ils nommaient l'Endura. L'Endura consistait à se laisser mourir de faim. Cela durait quelquefois assez longtemps, car, pendant l'Endura, il était permis de boire de l'eau. L'absence de nourriture provoquait un lent

---

* L'étude la plus complète sur les Albigeois est celle de M. Jean Guiraud dans le premier volume du Gartulaire de Notre-Dame de Prouille. C'est là que sont exposées le plus clairement les différences de l'Albigéisme, du Bouddhisme et du Christianisme. Il faut aussi noter l'impartialité de cet exposé.

affaiblissement, analogue à celui que donne une maladie, favorisait le détachement des choses terrestres et permettait ainsi au mourant de franchir, sans un choc brusque, le seuil de la mort. Nous verrons combien cette absence de choc a d'utilité.

C'est dans l'histoire des Albigeois qu'on voit un des plus prodigieux exemples de la puissance que la nature insuffle aux organismes quand elle veut les faire subsister et de la ténacité mystérieuse qu'elle apporte à maintenir certaines formes prédestinées à vivre, pour d'incompréhensibles raisons.

Une certaine Guillelma de Toulouse, décidée à mourir, s'ouvrit les veines, pensant que c'était le moyen le plus rapide d'atteindre son but. Sans doute, le fit-elle maladroitement, car elle recommença en vain à plusieurs reprises. Continuant à vivre elle prit pour s'affaiblir des bains prolongés, qui peut-être la fortifièrent à son insu, à cause de la bienfaisance, inconnue, alors, de l'hygiène. Elle but divers poisons auxquels elle résista. Comme la mort ne venait pas, elle absorba du verre écrasé pour se perforer les entrailles. Elle fut arrêtée et emprisonnée comme hérétique. Elle resta longtemps en prison et ses parents la croyaient morte depuis longtemps quand elle reparut, toujours vivante. Elle avait renoncé à mourir et abjuré l'hérésie albigeoise. Une légende se créa autour d'elle qui disait que la mort ne pouvait avoir dé prise sur elle. Elle atteignit un âge extraordinaire. Ses efforts n'avaient servi qu'à lui conférer une sorte d'éternité physique, celle dont elle ne voulait pas. Comme avec l'amour, on ne badine pas avec la mort.

Les parfaits de la secte albigeoise, c'est-à-dire ceux qui avaient atteint la sagesse étaient loin de prêcher l'Endura comme une obligation. La foule des croyants n'était tenue que de se perfectionner dans la mesure de ses forces en vivant la vie de tout le monde. L'Endura était parmi eux un signe de sainteté et s'il y eut beaucoup d'Enduras, c'est qu'ils comptèrent beaucoup de saints. En échange de la vie, la foi albigeoise ouvrait à celui qui était initié, avec le rite du Consolamentum, un immense horizon de possibilités.

Le consolamentum était le sceau de la purification. Celui qui le recevait avait confessé ses fautes. Il y avait renoncé et le consolamentum était le rite qui effaçait leurs conséquences, qui supprimait le Karma. Il était donné par un Parfait et il avait un baiser pour symbole, car il ne peut y avoir un passeport pour l'au-delà qui ne soit marqué avec le signe de l'amour. Le Consolamentum renfermait un secret perdu, transmis par une parole oubliée, il donnait une révélation à jamais morte. Il était l'expression de la plus divine magie, celle qui fait entrevoir la réalité de la vie spirituelle. Ceux qui touchaient cette réalité n'avaient plus envie de participer à la réalité qui était autour d'eux. L'église vit que ses sacrements étaient dépassés. Elle comprit le danger de cette extrême-onction illuminatrice et elle décida de l'anéantir. Elle y réussit pleinement. Les Albigeois étaient des destructeurs de la famille et de la société, comme on n'en avait encore jamais vu. C'est parce qu'ils possédaient le secret de la mort et celui de la renaissance illuminée qu'ils furent exterminés jusqu'au dernier.

Le Suicide des Hommes et Celui des Animaux

Pourtant quelle que soit la réprobation qui demeure attachée de nos jours à l'idée de suicide, le suicide n'est pas une monstruosité humaine. Il est dans la nature, comme une force cachée, expression de la contradiction éternelle de la vie. Si les végétaux ne se suicident pas, ce qui n'est pas tout à fait sûr, il y a de nombreux exemples de suicides d'animaux. Des chiens se suicident en se laissant mourir de faim et c'est ce qu'il y a de meilleur en eux, la fidélité à un maître qui est mort, c'est-à-dire leur vertu propre dans ce qu'elle a de plus élevée, qui les pousse à cette action. Certains singes captifs ont agi de même, parce qu'ils étaient privés de l'élément par lequel ils se développaient et qui était la liberté.

Il y a peu de temps, les journaux ont rapporté le suicide d'un singe en Angleterre, par pendaison. J'ai été témoin du suicide d'une chatte et j'ai eu le sentiment qu'une espèce animale manifestait dans cet acte sa noblesse, qu'elle s'élevait jusqu'à un degré d'intelligence assez haut pour comprendre la misère dont elle était frappée et protester contre cette misère.

Cette chatte vivait au bord de la mer, chez un pêcheur, mais elle n'était vis-à-vis de lui que dans un état de demi-servitude. Elle avait une maladie qui la faisait boiter et dont elle souffrait. Son humeur en devint taciturne. Elle eut des petits, mais soit par méfiance, soit par amour de la solitude, elle les transporta sur une hauteur voisine, au milieu de bruyères sauvages. Un jour, le pêcheur fut surpris de la voir venir vers sa maison, suivie des petits qui étaient en état de marcher.

Elle les conduisit jusqu'aux pieds de l'homme comme pour les lui confier, puis elle s'élança délibérément vers la mer. Le pêcheur la vit aller assez loin parmi les vagues et s'y débattre. Il courut à sa suite, la tira de l'eau et comme il s'était attaché à cette chatte, malgré la bizarrerie de son caractère, il l'essuya, la frictionna, et retendit sur les chiffons au soleil. Elle se laissa faire, mais dès qu'il l'eut quittée, elle se précipita à nouveau dans les flots, et cette fois elle alla beaucoup plus loin et se noya.

La souffrance des animaux est plus mystérieuse que celle de l'homme. Celui qui admire sans réserve l'harmonie du monde explique la douleur dans l'ordre humain comme un moyen donné par Dieu pour progresser ou comme la conséquence de fautes commises dans des vies successives. Mais que dit-il de la douleur sans espérance de l'animal?

J'ai regardé cet endroit de la mer que la chatte avait choisi pour terminer sa vie. Je me suis souvenu que Porphyre affirmait que le double animique d'un anima ayant péri de mort violente, ne s'en éloigne pas et se tient longtemps au-dessus de lui. Je me suis souvenu aussi que les étudiants de la mort étaient unanimes pour dire que l'eau était l'élément le moins propre à dissocier le corps invisible et que les créatures noyées avaient plus de mal que les autres pour effectuer cette séparation nécessaire. J'ai cherché si quelque phosphorescence plaintive ne m'indiquerait pas à l'heure du soir, la place où se tenait le double d'une chatte qui avait su vaincre, par un acte inattendu de liberté, tous les instincts de l'obscure animalité.

Mais cette sorte de recherche est toujours vaine. La bête aux yeux de flamme fauve qui avait eu assez de sagesse pour abriter ses enfants naissants contre la cruauté des hommes, assez de patience pour attendre leur âge viril, assez de détermination pour fixer la minute de sa mort, avait rendu les atomes de sa substance aux anonymes courants de la matière en mouvement. Dans les transformations éternelles, il ne resterait pas de témoignage de son passage à travers les bruyères de la colline et le sable de la plage. Intelligence et vertu de rang animal ne subsistaient pas dans la durée. Il n'y avait pour elle ni espérance de perfection, ni promesse d'immortalité. Nous ne savons rien de l'âme de la bête et n'avons jamais mesuré les clartés de sa conscience. Qui sait si cette perspective de néant ne lui était pas confusément apparue et n'avait pas contribué à lui faire abréger son désespoir?

* * *

Mais le suicide est une erreur du désespoir. Les religions et les théosophies l'ont interdit avec des menaces et en ont exagéré les dangers dans un but social et moral. Une fois que l'homme s'est dégagé, comme il doit toujours le faire, des préjugés sociaux et moraux, il se trouve dans le cas du suicide, en face d'un danger plus grave que celui de la douleur, à laquelle il est accoutumé par la vie.

Celui qui frappe son corps avec assez de force pour le faire mourir, ne détruit que son corps physique. Il se retrouve dans l'au-delà avec la douleur à laquelle il voulait échapper et les causes de cette douleur. La violence de son action et le choc qu'il a reçu le privent du sommeil réparateur qu'octroie la nature après la mort ou abrègent ce sommeil. Il se réveille avec l'angoisse qui a nécessité son action. Or, il n'a plus la même nette conscience que celle du temps où il était encore éclairé par le soleil des vivants. Son angoisse va se perpétuer sans remède possible pour l'atténuer.

S'il s'est suicidé à cause d'un amour déçu, sa déception s'aggravera dans l'au-delà, car son amour était l'amour d'une forme de chair, et il se trouvera dans le monde où les formes ne sont même plus perceptibles. Il aurait pu nourrir sur la terre une espérance d'atteindre l'être aimé, de le conquérir par des actions. Mais il n'aura plus maintenant la forme nécessaire à l'action. S'il s'est suicidé par crainte, et par dégoût de la vie, il aura encore sa crainte et son dégoût car il ne sera pas assez conscient pour se rendre compte que là où il est, il est délivré du mal et de la laideur terrestre. Il apparaîtra dans le royaume des ombres privé de l'élément essentiel de toute vie, dans n'importe quel monde, privé de l'armure lumineuse que chacun doit forger lui-même et qui est la sérénité de la conscience joyeuse. Il risque, à cause de sa faiblesse, d'être la proie des larves inférieures et de toutes les fantasmagories des désirs errants et des imaginations avortées.

Beaucoup de saints de toutes les religions, beaucoup d'ascètes ont cherché un moyen intermédiaire entre le suicide et la mort naturelle pour fuir la vie et atteindre plus rapidement le monde divin. Ils se sont exposés à toutes les intempéries, ils ont offert leurs corps sans défense aux puissances maléfiques des maladies. C'est là une forme hypocrite du suicide. L'Eglise et le jugement des hommes également bornés béatifient les rusés qui jouent avec la loi divine et ils refusent la terre sainte et les honneurs mortuaires aux trop sincères, aux trop violents qui rejettent avec trop de brusquerie la forme charnelle, manteau du péché.

D'ailleurs, le nature donne raison à l'hypocrisie. La mort par maladie a des enveloppements et des préparations qui la recouvrent sinon de douceur, tout au moins d'indifférence. La brusque séparation pour l'homme moyen, est toujours accompagnée d'une certaine douleur. Elle cause l'incohérence, elle éloigne le retour de la conscience, elle aggrave les ténèbres.

* * *

On ne peut se suicider qu'au sein de la plus grande allégresse. Il faut avoir conquis la joie, la joie sereine et définitive de l'intelligence et de l'amour pour se donner volontairement la mort. Alors l'âme est détachée des biens terrestres, elle a pétri elle-même la substance affinée du corps où elle vivra désormais, elle a préparé sa lumière, elle peut rompre le lien qui l'unit à la matière. Mais encore faut-il s'être développé également en intelligence et en amour. Encore faut-il être spirituellement très avancé et ne pas laisser d'attache derrière soi.

L'égoïste absolu, si haute que soit sa compréhension, ne sera pas garanti d'un froid inattendu de solitude dans le monde affectif où il pénétrera. De même, celui qui serait tout amour, mais qui ne posséderait pas la lampe du savoir, flotterait dans un doux bien-être que troublerait l'angoisse des ténèbres.

L'homme qui se tue dans la joie parfaite, s'élance très loin du monde terrestre, comme s'il était lancé par la force de son acte et emporté sur une nacelle spirituelle. Mais personne ne possède la sérénité qui convient à l'audace de la séparation. Nul homme n'a en lui une certitude assez solide sur l'au-delà et la moindre goutte de doute suffirait à mélanger de terreur l'allégresse indispensable pour le départ. Nul homme n'a assez de détachement, ni même assez d'espérance. Tous ont trop d'obéissance à la loi.

Et du reste, il vaut mieux. Dès qu'on énumère les conditions de la supériorité, chacun, si médiocre soit-il, croit se reconnaître. Si, par le brusque développement d'une croyance comme celle des Albigeois, le suicide pénétrait dans les usages, les plus sots le pratiqueraient les premiers, se vouant par orgueil et ignorance à des souffrances après la mort et à de rapides retours sur la terre.

On n'échappe pas aisément à la forme. Il ne suffit pas de détruire volontairement notre carapace de chair, de sang et d'ossements pour en être à jamais délivré. L'ivrogne qui jette une fois son verre par fantaisie ou dégoût n'est pas délivré de son désir de boire. Le suicide dans la plupart des cas a un effet inverse de celui qu'on se proposait et ne fait que fortifier l'amour de la vie. Celui qui veut supprimer la vie doit arracher la vivace racine, la corde fluidique qui le joint à la substance. Or, cette invisible racine, plus vigoureuse, plus fourchue, plus garnie de milliers de radicelles qu'aucune racine végétale, se nourrit de semence humaine, comme la légendaire mandragore. Il faut pour la détruire un secret d'ordre attractif. C'est une clef en forme de sexe qui ouvre la porte de la libération.

La Puissance de la Sexualité

La mort est le chemin de la vie splendide. Mais elle peut conduire aussi à des crépuscules de demi-inconscience. Tous les désirs qui ne sont pas réalisables dans l'au-delà, les désirs qui ont besoin de matière pour s'exprimer, deviennent brumes opaques quand on est mort et empêchent de se mouvoir dans la désirable lumière. L'âme est comme une lampe qui, en même temps qu'une faible lueur, produit les nuages familiers dont elle est voilée.

Ah! s'élancer avec l'allégresse de la conscience à travers le ciel bleu des morts! Comme on doit aller vite, et comme on doit voir loin! Mais le voile qui ne laisse pas passer de clarté, le nuage vivant qui borne tous les horizons est celui qui est tissé avec le désir sexuel. C'est par la puissance sexuelle que nous sommes attachés à la vie physique et quand nous sommes rappelés sur la terre, c'est par le besoin primordial d'être mâle ou femelle dans la chair.

Je suis assuré que tant que l'attrait sexuel existera en moi je serai attiré vers l'incarnation pour le satisfaire. Ce ne sera pas la courbe de tels bras particulièrement tièdes, ni l'expression de tel visage aux lèvres fendues en offrande qui me pousseront vers la terre.

Ce sera une force qui fera partie de l'essence de mon être et à laquelle je serait forcé d'obéir. Cette force je la sens en moi. Je l'ai consolidée à travers ma vie et je suis incapable de la chasser. Elle n'est pas la résultante de mes actions. Les actions sont de pauvres créatrices. Elles s'imaginent être très importantes et une seule pensée bien dirigée supprime leurs effets. La racine sexuelle a été enfoncée en moi par une pensée quotidienne. Elle a pénétré le sol étroit de ma terre individuelle et je ne peux plus l'arracher.

Avec assez de logique, je me suis dit pendant longtemps qu'il était sans importance d'accomplir un acte qui ne fait de mal à personne ni à soi-même. Or l'acte physique de l'amour, non seulement ne fait pas de mal, mais cause parfois du plaisir aux deux êtres qui le pratiquent. Il est dans l'ordre apparent du monde. Il est le symbole du principe supérieur de l'amour, une sorte de sceau apposé sur le pacte que signent deux créatures unies.

Je me trompais. Je ne tenais pas compte du caractère magique de cet acte. J'ignorais encore que lorsqu'il n'engendre pas, physiquement, de petits êtres ayant une forme humaine, il produit dans le monde invisible des procréations d'autant plus nombreuses qu'il y a moins de naissances de petits êtres.

Le seul désir sexuel nourri par la pensée solitaire dégage des forces qui prennent une confuse existence et qui réagissent sur nous. Le peuple de ces créations nous accompagne, vit dans notre atmosphère, chemine avec nous s'alimente de notre substance et nous rend, par un échange continuel, ce que nous lui avons donné. Quelquefois, dans l'état de fièvre, nous arrivons à percevoir les formes étranges auxquelles nous avons octroyé l'existence.

Je pus m'en rendre compte dans la clairvoyance que favorisa le début d'une maladie.

Cela débuta par des signes géométriques. Des triangles passèrent d'abord en grand nombre. Ils furent suivis de quadrilatères animés puis de cercles dont le tournoiement, d'abord rapide, se ralentit peu à peu. Un point apparut au milieu de ces cercles et ce point devint un œil, un œil clignotant, dépourvu d'intelligence, singulièrement fixe. Puis les figures géométriques s'évanouirent pour faire place à des formes. Ces formes avaient une faculté singulière d'allongement. Elles étaient mi-animales, mi-humaines, elles s'étiraient comme des nuages, retombaient comme des plis d'étoffe, avaient des apparences de corps. Leur visage, au lieu d'occuper une place normale, était soit sur le dos, soit sur la poitrine, soit à la jointure des jambes et la bouche se confondait souvent avec un sexe féminin.

J'étais couché sur un lit bas, je possédais ou entais posséder toute la lucidité de mon esprit et les formes se mouvaient autour de moi, dans la lumière que laissaient passer les rideaux à demi-tirés. Je les observai attentivement. Elles devenaient de plus en plus vivantes et je remarquai qu'elles semblaient toutes conduites par un désir d'accouplement. Elles se rapprochaient et se confondaient et à mesure qu'avaient lieu les unions de ces larves, les figures devenaient plus vivantes, plus humaines et empreintes d'une expression qui n'était ni le bien, ni le mal, ni l'amour, ni la haine, mais une impersonnelle envie de satisfaction sexuelle. Je crois n'avoir jamais vu rien de plus implacable, de plus féroce, que ces figures aux yeux morts, aux bouches mouvantes, qui ne reflétaient aucun sentiment, rien qu'une appétence de dilatation de sexes, d'aveugles copulations.

Ces larves fantomatiques s'étiraient avec une tristesse de jouissance impuissante et elles retombaient sur moi. Mon lit était recouvert d'un édredon de couleur jaune qui semblait les boire comme une éponge et qui devint, au bout de quelques minutes, un réceptacle de formes accouplées, d'éphialtes en fermentation. L'édredon, avec ses plis, favorisait les lentes grimaces des visages. Les contours devenaient de plus en plus précis et ils étaient parfois si obsédants et d'une si déconcertante obscénité que j'étendis la main jusqu'à une canne qui se trouvait dans un coin de la pièce et avec laquelle je pus frapper à droite et à gauche, modifier les vallonnements de l'édredon où se déroulaient les contorsions et s'accomplissaient les étreintes.

Aucune figure n'était complète, aucun membre n'avait une apparence de perfection. Je voyais des êtres difformes qui m'étaient tous inconnus. Certains avaient une personnalité particulière, mais aucun ne me rappelait un personnage rencontré autrefois, aucun n'avait l'attitude d'une femme ayant déjà reposé contre moi. Tous ne ressemblaient pas l'insensibilité absolue, la bassesse native et une étrange tendance à développer en quelques secondes des sexes disproportionnés.

Frappant avec ma canne les faces qui se tournaient vers moi et me considéraient avec trop d'attention, bousculant sur l'édredon les seins nuageux, les torses larvaires, faisant tomber la proéminence des appendices, je me demandais avec angoisse d'où sortaient ces créatures jamais vues. Jamais vues, assurément ! Et pourtant est-ce qu'il n'y avait pas dans ces regards de néant quelque chose qui m'était familier ? Au cours de certains rêves nocturnes, n'avais-je pas entrevu d'analogues obscénités ?

Et tout à coup, la lumière se fit en moi. Je compris.

Ces êtres indépendants s'attirant les uns les autres, ces monstres in-
complets qui prenaient leurs ébats autour de ma fièvre, c'est moi qui
les avais mis au monde. Ils étaient la progéniture de mes rêves. Ils
étaient moi-même. Si mauvais père que soit un homme, il reste dans
la dépendance de ses fils. Ainsi j'étais condamné à être suivi par ces
compagnons inférieurs. Je les avais créés et je dépendais d'eux. Ils ray-
onnaient de mornes courants qui me traversaient. J'étais obligé de me
contempler. Ces images horribles étaient la projection de mon âme. Le
jour où j'entrerais dans le royaume de l'au-delà et où je me trouverais en
présence d'un esprit fraternel, s'il me demandait : Qu'as-tu fait pendant
ta vie ? Je n'aurais pas besoin de répondre. Il me verrait au milieu des
monstres que j'aurais patiemment enfantés.

Je posai doucement la canne au pied de mon lit et je gardai longtemps
les yeux fermés.

* * *

J'ai longtemps trouvé les monstres charmants et je me suis plu dans
leur compagnie. Je savais bien, dès ma jeunesse, que l'intelligence est le
véritable but de la vie, mais je me disais qu'on pouvait faire deux parts :
celle du plaisir et celle de l'esprit. Je me disais qu'un dompteur, entre
les séances où il pénètre dans les cages de sa ménagerie, a le loisir de
lire Platon et d'apprendre la doctrine du Bouddha. Je ne réfléchissais
pas que beaucoup de membres des familles Pezon et Bidel avaient été
dévorés par leurs fauves.

Les corps des monstres que j'ai créés ne peuvent pas être percés par
le trident du dompteur et si je leur donne des coups de fouets, ils se
dilatent et grandissent.

Certains apprentis en sagesse qui se sont trouvés en face du même problème que moi ont tenté de le résoudre par une méthode d'assouvissement.
Avec sincérité, ils se sont adonnés à toutes les satisfactions sensuelles
pour atteindre la satiété. Je crois qu'ils ne sont arrivés qu'à une satiété
physique. Toutefois leur méthode est moins dangereuse que celle des

saints et des ascètes. Elle est peut-être plus agréable. Les tentations de
Saint Antoine ont été racontées par les poètes autant que par les écrivains
mystiques. Elles sont l'histoire de tous ceux qui tentent imprudemment
d'être chastes. Autant vaudrait tenter de vivre sans manger et sans boire.

L'antique sagesse de l'Inde prescrivait à l'homme moyen une appré-
ciable règle de vie. La jeunesse devait être consacrée à l'activité et au
plaisir. Dans le milieu de l'existence, l'homme devait fonder une famille
et avoir des enfants. A l'approche de la vieillesse, il devait se retirer dans
la forêt pour y méditer les conseils de la nature, apprendre le sublime
message transmis par les oiseaux et trouver dans son cœur la lumière
qui y est cachée.

Mais cette sagesse n'est guère valable en Occident. D'abord, il ne
peut y avoir de règle pour l'homme moyen. Nous avons développé à
ce point l'orgueil que dès qu'un homme a remué deux ou trois idées, il
se considère comme supérieur et en dehors de l'humanité. Il est vrai
que dans les cas — infiniment rares — de supériorité, une autre règle
serait nécessaire. Si l'on imagine une communauté réunissant à la fois
Platon, Plotin, Gœthe et Spinoza, chacun, quelle que soit sa culture,
les blâmerait de consacrer la maturité de leur vie à mettre au monde un
grand nombre d'enfants.

De plus, la règle hindoue ne peut pas être appliquée chez nous parce
qu'il n'y a pas de forêt où puisse se retirer l'homme vieillissant avide
de sagesse. Notre société est si mal faite et les hommes sont si mauvais
que le pauvre est méprisé par ses frères pauvres et regardé par les riches
avec une condescendance plus odieuse que le mépris. Le sage assis à
l'ombre d'un pin ne passerait pas une journée sans qu'un gendarme lui
demandât ses papiers et sans qu'un honnête travailleur ne crachât sur
lui parce qu'il est oisif. La grossièreté et la haine l'envelopperaient et
empoisonneraient la pureté de ses méditations.

* * *

Comment se comporter alors vis-à-vis de cette force intérieure qui
nous ramène éternellement dans le cercle des formes et de la jouissance

physique ?

Tout ce qui existe est susceptible de se transformer soit en se spiritu-alisant et en s'élevant d'un degré, soit en revenant en arrière. Il y a ces deux possibilités dans l'amour physique d'un homme et d'une femme. Mais le pouvoir de faire de l'or est dévolu à peu d'êtres et l'alchimie qui se sert des sexes humains pour réaliser le grand œuvre est particulière-ment difficile. C'est celle où il convient de doser le plus délicatement les ingrédients invisibles. C'est celle où les ingrédients visibles ont les plus redoutables effets. Et souvent quand l'alchimiste se réjouit parce qu'il croit l'opération réussie, c'est qu'il a seulement tué en lui la faculté de distinguer l'or pur de la matière brute.

Ce secret devait être connu et pratiqué dans les temples de la Grèce où l'on célébrait le culte de Vénus, c'est-à-dire de la puissance attractive. Il y avait pour les Grecs deux Vénus, la Vénus vulgaire et physique, et la Vénus spirituelle. Les écoles de prêtresses qui étaient en même temps des écoles de courtisanes, paraissent à nos esprits ignorants n'avoir été que des centres de débauche. La Vénus vulgaire demandait l'étude des ressources fournies par le corps pour la volupté et cherchait les moyens de multiplier cette volupté par l'art des caresses. Mais dans le culte de la Vénus spirituelle devait être enseigné le chemin de la spiritualisation par le plaisir physique.

Les secrets religieux de l'amour n'étaient pas fixés par l'écriture sur les parchemins, ni gravés sur la pierre. Ils sont maintenant perdus. Les gestes de la beauté et les mouvements du plaisir ont été détournés de l'esprit. Or, le principe périt, si l'on cesse d'y croire. Aucun temple n'est plus élevé à l'amour.

L'amour qui peut nous rendre les égaux des Dieux a été dépossédé de son privilège sublime et il n'est plus glorifié que pour la génération. On ne respecte en lui que sa fonction la plus inférieure. Et ceux qui vou-draient retrouver le secret perdu doivent le faire obscurément, sans le secours d'aucune tradition et avec tous les risques que comporte cette recherche.

Le Spasme de l'Amour et Celui de la Mort

Il y a un mystère dans le spasme de l'amour physique. Parfait équilibre entre la souffrance et la jouissance, il n'est supportable dans notre organisme borné que pendant la durée de quelques secondes. Il est un avant-goût de la joie créatrice que nous connaîtrons de façon, sinon permanente, du moins infiniment durable, quand nous serons revêtus d'un corps plus parfait. La nature a voulu que l'opération de créer place, pendant une seconde, le créateur dans le plan divin.

Il y a un rapport intime entre le spasme de l'amour et celui de la mort. Tous les deux sont le symbole d'une communication avec un état supérieur. Mais la communication de la mort est passive, celle de l'amour est active.

La réunion des deux spasmes est la sensation la plus haute à laquelle l'homme puisse prétendre. Certains amants atteints d'une maladie de cœur l'ont connue. Elle est dévolue à ceux qui meurent par pendaison. Mais ni les amants, ni les pendus n'ont la connaissance nécessaire pour tirer un bénéfice sublime de la coïncidence des deux spasmes. Ceux qui en ont joui pleinement n'ont eu d'ailleurs ni le pouvoir ni l'envie de le raconter.

De même que la vue d'un milliardaire qui donne un sou à un pauvre suscite l'indignation, puis fait éclater de rire, de même on doit rire de la monstrueuse avarice de la nature qui n'a accordé que si peu d'instants à la jouissance divine du spasme. Mais quelle que soit sa brièveté désespérante, il faut considérer le spasme comme un éclair, un phare révélateur qui permet d'entrevoir dans une lueur fulgurante, l'horizon d'un autre plan cosmique.

Quelquefois, la nuit, dans une chambre d'hôtel, on entend une plainte étrange. On a d'abord la pensée qu'il y a quelque part une créature qui souffre, mais peu à peu on a la perception d'un halètement régulier, et la voix qui gémit semble sortir d'un autre monde. On dirait que la chambre, séparée de celle où l'on se trouve par une cloison qui tremble, est située dans une autre planète. La créature gémissante a provisoirement quitté le monde terrestre que bornaient naguère pour elle les rideaux tirés, les tapis flétris, les murs anonymes. Elle est dans l'univers du spasme, univers qui s'ouvre et qui se referme aussi rapidement qu'une image vue en rêve.

Tout le monde participe durant quelques secondes à la vie de cet univers. Chacun en reçoit différemment la révélation. Bien peu utilisent la lumière qu'ils en reçoivent. Chacun peut mesurer sa dose d'animalité à la dose de dégoût que lui laisse la fin du spasme.

Le dégoût est le signe certain que le plaisir vous a abaissé au lieu de vous élever. Tout homme a dû ressentir parfois l'appel de la bête après l'amour. Deux êtres qui communiquent avec allégresse dans le plaisir ne peuvent créer du dégoût, car ils ont échangé entre eux des forces subtiles. L'échange est physique autant que moral et il enrichit. L'étreinte où l'amour est réciproque ne cause pour ainsi dire pas de fatigue du corps.

Ainsi peut se mesurer la sincérité du don dans l'amour. Et il n'y a pas non plus de tristesse. La joie quand le spasme vient d'expirer, est le signe des élus.

Des hommes désireux de s'élever vers la spiritualité ont pensé à transformer en esprit les éléments sexuels. Le principe consiste à dématérialiser les essences spermatiques et à les transformer en des atomes plus subtils qui viennent consolider le corps spirituel. C'est une alchimie supérieure dont la formule est demeurée secrète. On ne peut savoir si quelque sage est parvenu à ce but. Mais il doit y avoir de brusques retours de la sexualité irritée d'être transformée, car on voit parfois des hommes qui ont mené longtemps une vie trop parfaite, saisis tout à coup par un désir d'une violence sans mesure. Le désir revient alors, déformé, anormal et furieux, comme s'il voulait prendre sa revanche de la compression qu'il avait subie.

Il est plus prudent de se servit de l'amour physique pour s'élever dans l'ordre spirituel, sans essayer de le détruire, mais en le pratiquant avec mesure et adoration et en le considérant même comme un sacrement.

Il n'est pas nécessaire pour cela de lui donner la valeur d'une cérémonie.

Le désir des sens est brutal et il apparaît tout à coup. On dirait même qu'il a une certaine indépendance dans l'organisme humain. Il n'obéit pas à la volonté. Il se refuse à toute réglementation. On ne peut l'appeler à toute heure. Il faut attendre son bon plaisir. Il vous réveille parfois au milieu de la nuit et vous oblige à des démarches inconsidérées. En réalité, il est soumis à des courants dont nous ignorons l'origine et dont une astrologie très perfectionnée pourrait nous indiquer les passages et les disparitions.

Comme une plante qu'on arrose, le désir sensuel grandit à mesure qu'on le satisfait, et si on ne le satisfait pas, il plonge en nous de profondes racines qu'il sera difficile d'arracher. Il est, en somme, pareil à un insensé qui va de droite à gauche, qui vient, puis s'en retourne, et se livre à mille folies. Il faut s'emparer de cet insensé, de ce fantaisiste autonome, et tout en ayant l'air de satisfaire ses caprices, l'orienter dans une direction nouvelle, donner à ses actions une portée religieuse.

Cette religiosité ne comporte ni rite, ni cérémonial. Elle consiste à profiter du spasme de l'amour pour enrichir son âme et conquérir par lui une puissance qui traversera la mort. Chacun célèbre à sa façon le mystère sexuel. Les Grecs et les Romains avaient reconnu que l'amour pratiqué collectivement avait une portée plus grande. Ils ne songeaient pas seulement à l'augmentation de la volupté. Ils pensaient avec raison que par le moyen du spasme il était possible de créer une union plus complète que celle de deux êtres, l'union de tout un groupe. Une puissante entité collective aurait pu prendre naissance de cette façon. Peut-être ont-ils réalisé, mais cela dégénéra rapidement en de vulgaires débauches qui produisirent l'effet contraire. Car si l'amour physique a le pouvoir d'élever, ce n'est que dans certains cas et sa puissance d'abaissement est beaucoup plus grande. Il serait vain, dans les temps misérables que nous vivons, de faire une tentative de cet ordre. Il est déjà très difficile d'être deux.

Mais lorsque le chiffre de deux est atteint, ceux qui veulent tirer le plus grand bénéfice de l'amour, doivent penser que leur désir réciproque d'union est l'élément essentiel. Certains parfums peuvent être des aides, notamment le mélange de l'encens et du musc. Il faut éviter le contact des métaux, même celui des bijoux et surtout le contact de l'or qui emmagasine sans cesse les convoitises dont il est l'objet. Il ne faut pas avoir bu d'alcool qui paralyse dans l'organisme la naissance des affinités spirituelles. Peut-être, mais avec de grandes précautions, pourra-t-on utiliser l'opium qui favorise le don de soi-même à quelqu'un qu'on aime. La main qui saisit la nuque, à l'endroit où naît la chevelure, contribuera à l'échange des courants affectueux. Les souffles unis seront le symbole de l'union plus subtile des essences de l'être.

Et lorsque les amants sentiront se dérober les choses qui les entourent, lorsque l'approche du spasme les jettera dans ce trouble qui change le son de la voix et donne au cri de plaisir l'accent du désespoir, ils devront malgré le voile qui tombe sur l'âme, créer une image intérieure, une vivante image d'eux-mêmes. Qu'avec le plus de netteté possible ils se représentent leurs deux êtres réunis, fondus en une seule créature idéale et spiritualisée. Lorsque le spasme fera passer dans leur corps son ruisseau de métal en fusion, ils entreverront, pendant l'espace d'une seconde, une porte ouverte sur le monde de l'au-delà. Que la double image devenue unique s'élance par cette porte pour apparaître, durant une infinitésimale parcelle de temps, dans la région inconnaissable. Cette créature passagère, cette fille de l'affection imaginative, retombera avec la fin de leur plaisir, s'évanouira comme la chaleur de leur baiser, les laissera à nouveau deux et séparés dans le lit devenu plus profond. Mais elle se sera présentée sur le seuil divin comme le témoignage de leur apport terrestre, ce que l'homme et la femme peuvent accomplir de meilleur, l'ultime et parfaite création de leur amour.

La Perfection Par l'Amour

Des médecins m'ont raconté qu'on amenait parfois clans les hôpitaux des hommes marqués par le signe fatal de la solitude. Questionnés sur l'adresse de leur famille, ils répondaient que tous leurs parents étaient morts depuis longtemps, Ils n'avaient ni femme, ni maîtresse, ni ami. Personne ne s'intéressait à leur sort. Et si on insistait, ils finissaient par indiquer comme l'être qui leur était le plus proche, le tenancier de l'hôtel garni où ils avaient été frappés par la maladie.

Aucun état ne m'a paru plus misérable que celui de ces solitaires qui avaient traversé la vie sans créer aucun lien qui les unît à leurs semblables. Cette solitude venait-elle d'un égoïsme natif, d'un orgueil démesuré ? L'avaient-ils causée par leur manque d'amour ou avaient-ils été frappés par un concours de circonstances ? Qu'allait-il advenir pour ceux-là, après la minute de la mort ? Auraient-ils une compensation à cette infinie misère de la solitude ? Comment pourraient-ils bénéficier des effets de causes qu'ils n'avaient pas créées ?

Et je pensai que toute la vie des hommes est un combat contre la solitude. Ils se groupent en des familles, ils se serrent dans les villes, ils s'attachent les uns aux autres pour échapper à la terrible immensité de l'univers, à la redoutable perspective d'être face à face avec eux-mêmes.

Mais quelque effort que chacun fasse, son égoïsme est si puissant, ses pensées et ses actions sont si naturellement dirigées vers lui qu'il passe dans la vie à peu près solitaire, plus solitaire qu'il ne peut l'imaginer dans ses plus pessimistes méditations.

C'est une mélancolique expérience à faire que de demander à ses amis à quel nombre ils fixent, en toute sincérité, les êtres qui sont fortement attachés à eux, assez fortement pour avoir leur existence ébranlée s'ils venaient à mourir. Il faut naturellement excepter de cette liste son père et sa mère. C'est soi-même, son prolongement physique qu'un homme aime en son enfant. Cet amour-là est de tous le plus égoïste parce qu'il relève directement de notre instinct. Les affections prennent plus de noblesse à mesure qu'elles échappent aux liens du sang et sont le résultat du choix.

Ceux qu'on questionne croient d'abord pouvoir citer un chiffre élevé d'êtres dont ils possèdent l'amour. Mais ils s'aperçoivent à la réflexion que ces amours sont souvent des apparences d'amour basées sur l'intérêt qu'on a à aimer et que la suppression de l'intérêt entraînerait la suppression de l'amour. Ayant supputé et additionné, les optimistes trouvent deux, parfois trois noms. La plupart s'aperçoivent avec mélancolie qu'ils doivent être très heureux s'il y a une créature sur la terre qui les aime avec sincérité et désintéressement.

Une créature, une seule! Et encore peut-elle mourir, ou, éventualité plus terrible, cesser de vous aimer. L'amour est la plus grande des richesses, et après avoir tendu les bras, désiré, s'être donné de tout cœur, voilà la récolte de l'homme!

Cette inconcevable pauvreté, cette misère inouïe tient à l'erreur initiale du but de nos affections. Nous avons restreint notre amour à l'espèce humaine. Et dans l'espèce humaine nous l'avons encore restreint à un être de sexe différent avec lequel nous prenons du plaisir.

L'amour pour les végétaux et les minéraux, pour les planètes et pour la lumière est de même essence que les autres amours auxquels il est convenu d'accorder du respect. On devrait l'enseigner dans les écoles et vulgariser les méthodes qui le développent. Je me suis souvent demandé par quel impardonnable oubli ou quelle invraisemblable ignorance, Jésus-Christ avait restreint ses prescriptions d'amour à l'amour des hommes les uns pour les autres. Une seule parole des Évangiles sur notre parenté avec les bêtes aurait sauvé la vie à des millions de créatures, aurait diminué pendant des siècles la férocité de l'espèce humaine.

Car il n'y a qu'une seule qualité d'amour et peu importe la manière dont on la développe. Les bienfaiteurs célèbres, les créateurs de grandes œuvres, ne sont pas supérieurs à ceux qui se sont voués à une donation modeste et quotidienne. Un sage assis dans un champ, qui se consacrerait au bonheur d'une fourmi, obéirait à ses exigences d'insecte, lui ferait du bout du doigt accomplir ses longs voyages, serait le conquérant d'une richesse aussi grande que le pasteur d'homme dont l'effort nourrirait des peuples. Peu importe à qui ou à quoi Ton se donne. C'est le don de soi-même qui est essentiel.

Dans la mesure où on a pratiqué ce don sur la terre, on jouit d'un bien-être plus grand après la mort. Car on s'est conformé par avance à la loi nouvelle. L'être dans le courant qui le porte, vers la naissance, va vers la condensation et l'égoïsme. Dans celui qui l'emporte par la mort, il va vers l'expansion, la communication avec l'univers.

* * *

— La perfection s'acquiert par la possession d'un amant, selon son âme, a dit Platon.

Le but le plus sublime de la vie est de trouver un amant selon son âme. Mais quelle tâche et combien délicate !

Comment le reconnaître parmi tant de visages ? Et si l'on croit le reconnaître, comment se garantir de l'erreur ? Que d'embûches vous arrêtent dans cette poursuite ! L'un vous donne tout le plaisir que vous pouvez demander, mais sa trahison vous déçoit. Un autre se présente avec des qualités morales semblables aux vôtres, mais c'est alors une incompréhension physique qui l'éloigné de vous. Le plaisir est quelquefois un guide, et d'autres fois c'est un trompeur qui vous dupe avec un baiser.

D'après Platon, les amants parfaits sont deux moitiés, le principe actif et le principe passif qui ont jadis formé un tout unique. Ce tout a été séparé par l'incarnation, mais les deux moitiés aspirent à se rejoindre et à retrouver leur vraie nature qui est d'être un.

La nature se sert des mêmes lois en les transposant. Comme un auteur qui, par manque d'imagination, répète les mêmes effets dans une pièce de théâtre, ainsi l'ordre divin utilise à tous les degrés de sa création, un mécanisme semblable. « Les protozoaires se multiplient par division d'une cellule-mère en deux cellules-filles*. »

Mais pour ne pas vieillir et mourir, ils doivent se conjuguer à nouveau et « devenir deux en un par une sorte d'union sexuelle ». La loi de l'âme

---

* Henry de Varigny, *La mort et la biologie*.

humaine est analogue. Il y a eu division. Il faut à nouveau devenir deux en un. La clef universelle de toute chose est cachée dans cette loi essentielle des deux principes mâle et femelle.

Il n'y aurait donc sur la terre qu'un seul être avec lequel on pourrait accomplir sa réalisation divine. Or, si des personnages vertueux et favorisés par la chance trouvent au début de leur vie cette moitié et vivent auprès d'elle toute une existence dans le bonheur, il en est d'autres qui la trouvent et s'aperçoivent ensuite, par d'horribles différences de caractère ou de cyniques abandons, qu'ils se sont trompés. Il en est d'autres qui, après de longues années d'un amour passionné et réciproque, perdent l'être aimé par la mort. Ils éprouvent un désespoir infini mais court et ils rencontrent un nouvel être aimé qu'ils aiment d'un amour aussi passionné et aussi réciproque. On peut citer des âmes riches par l'attirance et le don d'elles-mêmes, qui quatre fois et même cinq fois dans leur vie ont rencontré les moitiés divines. Si on les questionne, ils ne peuvent désigner entre ces créatures chéries, quel était le double véritablement complémentaire de leur âme, toujours désireuse de possession.

L'amour de deux êtres l'un pour l'autre est un chemin pour parvenir au divin. L'amour pour les pierres, pour les plantes ou pour les Dieux, sont d'autres chemins. L'essentiel est d'en prendre un, quel qu'il soit. Celui que prennent les amants est le plus humain. L'élan de toutes les forces du monde tend vers leur réunion, vers leur retour à l'unité. Deux êtres qui harmonisent leur corps en même temps que leurs aspirations idéales, réalisent une unité partielle, commencent l'œuvre de la nature.

Cette œuvre doit se réaliser d'autant plus aisément qu'on la tente, avec le compagnon le plus fraternel, celui qu'on a retrouvé le plus fréquemment dans le cours de ses existences. Deux amants, unis volontairement, à travers le bien et le mal qu'ils se font réciproquement, travaillent à une perfection. Ils construisent leur unité. Ils se mêlent intimement par leur amour, jusqu'à se confondre spirituellement, ce qui semble être le but suprême de l'esprit, du moins celui qu'il nous est possible de constater, aussi loin que notre vue puisse aller.

Quand ils arrivent à se compléter harmonieusement le désir de la chair ne risque plus de les faire rétrograder. Il n'est plus que le signe de leur possession, l'interprétation physique d'un état supérieur. Alors, ils peuvent échapper à la puissance réincarnatrice. Ayant centré vers eux-mêmes tous leurs désirs et toutes leurs aspirations, l'appel de la vie terrestre n'existe plus pour eux. Ce qui entraîne les autres vers le monde physique ne fait que les pousser vers eux-mêmes, vers une réalisation plus complète de leur unité. Devenus tout à fait inaccessibles à l'appel terrestre, ils peuvent être projetés dans l'état post-humain, car ils ont créé une entité trop puissante pour être emprisonnée dans un corps tel que ceux que nous voyons sur la terre.

Bien entendu ce résultat est infiniment rare. Les êtres qui s'aiment sont presque tous condamnés à la séparation. Ils connaissent la douleur de changer de forme l'un avant l'autre, de s'appeler vainement sur les rivages inaccessibles de mondes différents, de se tendre leurs bras invisibles, sans savoir s'ils pourront retrouver un jour la seule chaleur qui vaille la peine d'affronter l'inexorable misère de vivre.

L'Infidélité des Morts

Ceux qui se sont aimés se retrouvent. Il n'y a pas de coalition de Dieux, pas de pouvoir cosmique qui puissent empêcher cette réunion. Des lunes créatrices d'humides chaos, des soleils en folie, n'ont pas la capacité de rompre l'affinité de deux êtres résolus à se rejoindre après les transformations de la mort. Ces deux êtres ne peuvent être séparés par rien, ni par les longues années que traverse celui qui est abandonné seul dans la vie, tandis que l'autre erre dans l'au-delà, ni par les sommeils posthumes plus longs encore, par rien — si ce n'est par la force d'oubli qui est en chacun d'eux.

Toutefois la réunion n'existe qu'en vertu du caractère spirituel de l'amour et elle a des chances d'autant plus grandes de durée que cet amour a été moins matériel.

La mort détruit la forme, cette forme bien-aimée qui a été l'interprète de notre bonheur et le creuset de notre souffrance. La mort fait résonner à notre oreille un inexorable jamais plus.

Jamais plus ne luiront les yeux, ces lampes où apparaissait la bienveillance de l'âme, jamais plus ne frémiront les mains, ces agiles aides du plaisir, jamais plus ne palpitera la poitrine où l'on posait son front. « Ce qui a une fois changé de forme, ne la reprendra jamais dans l'infini de la durée. »

Au degré de développement de l'homme, l'amour est surtout un amour de la forme. Le plaisir joue un rôle prépondérant et le corps est l'instrument du plaisir, c'est-à-dire de ce qu'il y a de plus important dans la vie.

On a beaucoup de peine à imaginer l'existence de quelqu'un qu'on aime dépourvu du corps dans lequel on a l'habitude de le voir. Beaucoup d'amours ne résisteraient pas à l'épreuve d'un changement de corps.

Les religions et les philosophies ont compris le désir des hommes d'être perpétués dans leur chair et elles ont cherché des moyens plus ou moins vraisemblables de satisfaire ce désir. Car religions et philosophies sont comme les gouvernements, elles cherchent à satisfaire les vœux humains. Au lieu d'enseigner ce qu'elles savent de la vérité, elles voilent cette vérité si elle est cruelle, et elles professent des théories en rapport avec les aspirations des majorités. La résurrection des corps est dans de Mazdéisme. La Kabbale parle du souffle des ossements qui est un invisible germe physique gardant le modèle du corps. Saint Paul suppose qu'une mystérieuse semence subsiste à l'être détruit et que les hommes ressusciteront dans leur chair au moment du jugement dernier. De nos jours, Charles Renouvier admet «l'existence d'un organisme insensible qui survit au corps sensible et conserve les puissances requises pour produire une forme de corps semblable ou supérieure à celle déjà revêtue.» Il ajoute, il est vrai, sans ironie «que cette hypothèse est d'autant plus forte qu'on la précise moins.»

Le dogme de la résurrection des corps, sous quelque forme que ce soit, ne résiste pas à l'examen d'un esprit raisonnable. Les formes de chair sont dissoutes dans les tombeaux. D'ailleurs nous faisons de notre vivant l'expérience de la mort des corps. Notre forme est dans un état de perpétuel changement et celle du vieillard n'a aucune molécule commune avec celle de l'ancien jeune homme qu'il a été.

Mais de la statue déformée, de l'image qui s'est trahie elle-même, il reste le souvenir que chacun en garde. Le souvenir est la défense de l'homme contre le principe dévorateur du temps, contre la force des changements.

Le plus grand risque pour ceux qui s'aiment est d'avoir une trop grande séparation d'années entre les moments de leur mort. Nous voyons que celui des deux qui demeure vivant oublie souvent par le jeu de la vie et de ses nouvelles attractions, celui qu'il a perdu. Mais le danger de l'oubli vient surtout de celui qui est mort. La nature a répandu dans les courants de l'au-delà les invisibles flots du Léthé pour que les morts s'y abreuvent sans le savoir. Sur les rivages de ce fleuve bordé de pavots, ils cheminent en état de rêve et avec l'apparence de leurs mains vides, ils prennent cette eau couleur de sommeil. C'est le plus divin présent de la nature que cet oubli accordé aux morts.

Le mort qui a aimé est obligé de défendre son amour contre lui-même avec plus d'ardeur que celui qui est resté sur terre. Il est obligé de perpétuer par le souvenir une image qui aura moins de chance d'être réelle en lui, à mesure qu'elle se transformera sur terre et cessera de correspondre à la réalité. Cette lutte pour le souvenir est favorisée pour le mort par l'atmosphère terrestre de celui qu'il aime, dans laquelle il s'efforcera de demeurer. Il faut qu'il résiste à l'enivrante tentation des songes confus, des rêveries transformatrices. Et sa victoire, bien entendu, est proportionnée à son degré de conscience.

Quelque amour que ces deux êtres croient avoir l'un pour l'autre, s'ils sont séparés longtemps, ils risquent de ne pas retrouver entre eux l'harmonie qui fit jadis leur bonheur. Cette harmonie était une faculté de vibrer ensemble et de donner les mêmes résonances. L'accord quand ils se retrouveront pourra être différent. L'homme se transforme dans la dure condensation de sa forme physique. Nous en sommes, de notre vivant, les témoins mélancoliques. Mais comme il se transforme plus aisément quand sa forme est devenue plus subtile ! Celui qui meurt le premier, devient par sa nature même, plus susceptible de changements. La curiosité pour le monde nouveau où il se trouve, le jeu de sa propre pensée qui augmente sans cesse sa faculté de pénétration, le pousseront, s'il a atteint un certain développement, à parcourir les infinis horizons déroulés devant lui. Comment résistera-t-il à la curiosité de traverser les espaces splendides, de découvrir et de se répandre ? Comment résistera-t-il à la merveilleuse jouissance que lui procurera sa nouvelle faculté d'expansion ?

Les morts sont étrangement infidèles, beaucoup plus infidèles que les vivants. Et ils le sont d'autant plus qu'ils ont atteint un développement plus grand. L'homme moyen qui ne possède dans l'au-delà qu'une confuse conscience peut aisément rester centré sur l'attraction terrestre de celui qu'il a aimé. Au sein du rêve dans lequel il baigne, il trouve un alanguissement plein de bien-être. Il ne distingue pas d'autre possibilité que cette tiède chaleur de l'affection. Il repose et il attend. Sa fidélité est d'autant plus certaine qu'il ne perçoit pas les tentations de sa vie nouvelle.

Mais si le mort est développé en connaissance, si les désirs physiques n'obscurcissent pas sa vision, il en sera différemment. La terre lui apparaîtra sous son vrai jour, comme une planète déshéritée, un centre de douleur d'un violet sombre, autour duquel tournent les courants les plus matériels de la création. Il comprendra la portée redoutable de cette chute originelle, toujours mal expliquée et toujours mal comprise. Il entreverra les mondes de l'esprit où, dans un état de matière plus subtil, voguent les archétypes de la beauté dont tout ce qu'il a connu sur terre n'était que la misérable caricature.

Comme il faudra qu'il aime alors, pour ne pas essayer de rompre à jamais les liens qui le retiennent à l'univers de douleur! Ce n'est que dans la mesure où l'être cher qu'il a laissé sur la terre sera devenu une partie de lui-même, qu'il y demeurera attaché. Plus la tentation est d'ordre spirituel et plus elle est grande*.

Les amants que la mort sépare ont un double combat à soutenir dans des mondes différents pour se garder l'un à l'autre. La confuse perspective du danger de l'oubli a souvent poussé ceux qui s'aimaient à mourir ensemble. Ils bénéficient pleinement alors de la force de leur création. On peut dire qu'ils s'élèvent plus haut, en se souvenant qu'il ne s'agit pas d'une hauteur dans l'espace. Le plus intelligent ou celui qui a le plus d'amour, y voyant plus clair, dissipe, pour l'autre, les ténèbres. La solitude est vaincue et selon la balance mutuelle de leurs désirs terrestres ils triompheront peut-être de la réincarnation.

Mais la mort en commun est rare et le moyen du suicide de celui qui reste est rempli d'incertitudes et de dangers. Il est plus sage pour ceux qui s'aiment de s'habituer de leur vivant à une fidélité qui dépassera le seuil de la mort. Par l'habitude, cette pensée se fortifiera, deviendra inhérente à l'âme au point que l'on ne pourra imaginer aucune jouissance spirituelle qui ne soit partagée. La chaîne qui réunit les amants devient vivante, elle est comme une rivière lumineuse par laquelle circule de l'un à l'autre l'eau divine de l'esprit.

La mort n'interrompt pas cette communication. Elle résiste aux années.

---

* Une communication spirite enregistrée dans l'intéressant ouvrage de M. CORNILLIER, *La survivance de l'âme*, donne raison à ce que je dis. On y voit un esprit d'ordre élevé qui ne reconnaît même plus quelqu'un avec qui il a été très lié de son vivant.

Et lorsque ceux qui ont été séparés, même très longtemps, se retrouvent, ils se voient et s'étreignent avec l'apparence de leurs meilleurs jours, du plus beau temps de leur amour. Car ils se retrouvent dans un monde où la pensée est créatrice, où elle est la réalité. Par la puissance du souvenir, ils créent réciproquement leur image et ils se délectent de la présence de cette forme bien -aimée, d'autant plus réelle qu'elle est imaginée.

Le Souffle Intérieur de la Vérité

Je remercie l'ordre des choses, la loi distributrice qui fait naître l'un avec un nez ridicule et l'autre avec une faculté d'embonpoint, de m'avoir donné la connaissance de la mort. Je remercie cette loi avare d'avoir été généreuse pour une fois en me donnant non seulement la connaissance de la mort, mais la certitude intérieure de la vérité. Car il y a des gens qui savent, qui exposent leur science avec gravité, mais qui n'en tirent aucune joie, car au fond d'eux-mêmes ils ne croient pas. Je remercie la loi distributrice par qui certaines âmes sont recouvertes de l'ulcère du doute, de m'avoir fait croire à ce que je sais.

Souvent en lisant les livres d'hommes qui ont traité de ce qui se passe après la mort, et qui l'ont fait avec de minutieux détails, j'ai ri de leur prétention ou, selon mon humeur, je me suis indigné parce qu'ils ne fournissaient pas les preuves de leurs affirmations. Et voilà que je suis tenté de faire de même. Mais quelles preuves puis-je fournir aux autres qui soient différentes de celles que je me suis données à moi-même ?

J'ai entendu dire qu'il y avait dans l'Inde, il y a quelques années, un juge local, un vieux juge animé d'un sens de justice, qui à force de méditer sur la vérité et sur le mensonge des témoignages, reconnaissait, avec un sens particulier, ce qui était vrai et ce qui était faux. Son sens particulier devait s'appuyer sur des expressions de visage, sur des intonations de voix.

Suis-je trop orgueilleux en me comparant à ce juge local ? J'ai eu, à un moment donné, la perception qu'un sens nouveau apparaissait en moi et s'y développait avec des progrès assez sensibles. Ce sens se manifestait par une légère souffrance intérieure, quand, au cours d'une conversation ou en lisant un livre relatif au sujet qui m'intéressait entre tous, je me trouvais en présence d'une idée contraire à la vérité.

Comme le juge hindou, j'ai médité sur les descriptions de la vie future, sur les rêveries des clairvoyants, sur les affirmations des spirites. Très souvent, j'ai éprouvé la petite souffrance intérieure, signe de la présence du mensonge et j'ai remarqué qu'elle était proportionnelle, non pas à la grandeur du mensonge, mais à la volonté de fausseté qu'avait eu l'énonciateur du mensonge. L'erreur pure, l'erreur invraisemblable accomplie par ignorance ou stupidité, au lieu de me causer une souffrance, provoquait-chez moi un rire joyeux, cette allégresse que cause la déformation du comique.

J'ai prêté l'oreille à un conseil qui était formulé sans parole et j'ai été récompensé de mon attention. Ainsi j'ai appris avec certitude la part de vérité qu'il y avait dans les antiques traditions, j'ai su dans quelle mesure il fallait ajouter foi aux imaginations extravagantes des voyants qui ont prétendu converser directement avec Dieu. Sans doute, chaque homme peut-il développer comme moi ce sens intérieur et peut-être est-ce là un modeste commencement de communication avec ce qu'il est convenu d'appeler Dieu. Je remercie la loi distributrice qui accorde aux uns une abondante faculté de jouir avec le goût et le toucher, qui pare les autres des délicates antennes de la sympathie, de m'avoir donné une petite part de discernement dans le domaine de ce qui est caché.

Je n'envie pas les voyants qui ont étonné le monde par leur voyance. Ils ont trop vu à mon gré. Le mensonge a toujours un point faible par lequel il se trahit. La pure imagination finit par éclater comme une bulle de savon qui a reflété trop d'arcs-en-ciel.

Les révélations des antiques Védas de l'Inde sont entrecoupées par trop de demandes d'offrandes pour les Brahmanes, auteurs de ces révélations. Les visions des saints catholiques représentent Dieu exclusivement entouré des saints catholiques, ce qui fait pâlir la vision. A plusieurs reprises, en lisant des livres où étaient relatées des communications faites avec tous les contrôles désirables, j'ai été rempli d'émerveillement. Mais je butais souvent sur quelque pierre qui me faisait tomber du haut de ma crédulité.

J'ai lu successivement deux ouvrages où la vie des hommes dans l'au-delà était décrite, selon leur nature bonne ou mauvaise, de façon à peu près semblable. Cette concordance venait à l'appui de la véracité de ces expérimentateurs spirites. Mais je m'étonnai que tous deux assignassent une place particulièrement heureuse et élevée aux soldats morts pour

la patrie. Je ne crois pas que l'au-delà comporte de récompenses analogues à nos titres et à nos décorations et je pense que ceux qui meurent
dans la violence, en tuant leurs semblables, même si c'est pour la patrie,
subissent le contrecoup de la violence qui est toujours douloureux. Mon
étonnement se dissipa quand je vis que les auteurs de ces deux ouvrages
sincères, et dans une certaine mesure, scientifiques, étaient tous deux
colonels, l'un dans l'armée française, l'autre dans l'armée anglaise.

— Il m'a été donné d'être avec les Anges et de m'entretenir avec eux
comme un homme avec un autre homme et cela depuis treize ans, dit
Swedenborg.

Je n'ai pu m'empêcher d'envier Swedenborg. J'ai aussi envié le théos-
ophe Leadbeater et l'anthroposophe Rudolf Steiner. Ce sont ceux qui
sont allés le plus loin dans l'affirmation d'une clairvoyance presque mi-
raculeuse. Swedenborg a fait une description méticuleuse des enfers. Il
les situe sous les montagnes et il a remarqué que leurs entrées «parfois
spacieuses étaient la plupart raboteuses.» Il y a vu des rixes, des vols et
maints lieux de débauche*.

Leadbeater dépeint l'au-delà comme une sorte de contrefaçon terrestre. Il y a des librairies, des boutiques. Comme peu de vivants ont,
comme lui, la faculté de s'y transporter, quand il s'y promène, on le reconnaît, car sa silhouette est familière. On l'entoure, on lui demande
des nouvelles de la terre.

Steiner a pu suivre l'homme après sa mort dans son sextuple voyage
à travers les planètes†. Il a pu remonter le cours des temps, assister à la
création des mondes, voir les espaces quand la terre n'était pas encore
née, quand le soleil n'avait pas encore pris de forme. Je l'ai suivi avec
passion. Mais il est arrivé un moment où je me suis écrié : «C'est trop !
Comment a-t-il pu voir si loin ? Où a-t-il pu trouver ces pouvoirs presque divins ? » Or, à ces légitimes questions que tout homme sensé a
dû lui poser et qu'il a dû se poser lui-même, il ne répond jamais. Il a
même publié un livre de mémoires où il signale en passant ses dons de

---

* (1) SWEDENBORG, *Du ciel et de ses merveilles et de l'enfer, d'après ce qui a été
entendu et vu.*
† (2) Rudolpf STEINER, *La vie après la mort.*

clairvoyance, sans songer à expliquer comment ils sont venus!

Il y a chez les clairvoyants une ivresse de la clairvoyance qui se confond avec l'imagination. Ils sont emportés par la tentation que crée leur désir de voir ce que personne n'a vu. Ils dépeignent avec de vivantes couleurs les fictions qui sont en eux. Et ils nagent, pleins de certitude, dans un rêve idéal qui est vrai pour eux. Quand ils ont atteint un certain degré, ils ne sont plus embarrassés par rien. Le bien et le mal leur apparaissent comme des plaines bien délimitées, que sépare un fleuve étincelant comme une épée. A droite tout est pur et blanc, à gauche sont les ombres du mal. Et dans cette naïve conception d'un bien qui est étroitement leur bien personnel, d'un mal qui est ce qui est le mal à leurs yeux, se cache la pierre de touche de leur vérité et de leur mensonge.

Ah! J'aurais bien voulu m'entretenir avec les anges pendant treize ans, comme Swedenborg! Un seul ange familier m'aurait même suffi. J'aurais bien voulu que ma silhouette fut connue dans l'au-delà, qu'on m'y appelât par mon nom et qu'on me posât des questions, comme cela est arrivé à Leadbeater! Ainsi que Steiner, j'aurais bien voulu voir à l'œuvre les Exusiaï, les Dynamis, les Kiriotetes, entités créatrices qui travaillent aux futures destinées humaines! Pourtant je remercie la loi distributrice, qui ne m'a dévolu qu'un souffle intérieur, un petit guide bien modeste, mais qui est conforme à ma raison.

C'est en écoutant la parole silencieuse de ce guide que j'ai pu transmettre un message concernant la mort.

La Balance, le Monstre et le Pont

Les morts doivent être pesés dans une balance! Les morts doivent passer sur un pont! Les morts doivent combattre un monstre et peut-être être dévorés par lui! Quelle est cette balance, quel est ce pont, quel est ce monstre, que l'on retrouve dans toutes les croyances primitives et qui sont le symbole d'une épreuve?

— Que mon ombre ne soit pas retenue! est-il écrit dans le *Livre des morts égyptien*.

L'ombre peut être retenue et cela en vertu d'un jugement et le jugement est prononcé en vertu d'un certain poids de l'âme dans une mystérieuse balance.

Les Egyptiens représentaient le jugement avec une impressionnante solennité. Il avait lieu devant Osiris, rayonnant de lumière solaire. Au moment où le défunt déposait son cœur sur un des plateaux, Anubis, à tête de chacal, mettait sur l'autre une statuette de la déesse de la justice. Horus, à tête d'épervier, vérifiait le poids avec un œil aigu qui rendait toute supercherie impossible. Thot, à tête d'ibis, Dieu de l'écriture, greffier plein d'attention, inscrivait sur une tablette le résultat de la pesée. Et quarante-deux juges correspondant à quarante-deux fautes capitales se prononçaient d'une façon inexorable.

La cérémonie du jugement est simplifiée dans d'autres religions, mais on la retrouve dans toutes. Les hommes ont un besoin inné d'être jugés et punis. Il n'y a pour eux aucune existence possible sans châtiment*. Et chez tous les peuples on ne parvient à la redoutable présence des juges

---

* On est surpris de voir cette idée de jugement persister d'une façon puérile chez certains occultistes modernes. M. Sédir assure qu'au moment de la mort, on est soudain encadré par deux esprits qui vous conduisent devant un tribunal présidé par Jésus-Christ. Toutefois Jésus-Christ n'est pas toujours présent à ce tribunal. M. Lancelin imagine une forme étrange de châtiment. Les animaux à qui un homme a fait systématiquement du mal pendant sa vie, vont, au moment de la mort, l'attendre à sa sortie du plan physique et se vengent sur son corps astral.

qu'après de terribles aventures dans des régions remplies de ténèbres et de pestilences. Malheur à celui qui a oublié de prendre sous son bras le Livre des morts ou qui n'en connaît pas les formules ! Il s'égare à travers des marécages où flottent des brumes empoisonnées, il tombe dans des gouffres en spirales, il est entouré de créatures grimaçantes. Les Mexicains tuaient un chien pour accompagner le défunt et le guider avec son flair de chien à travers les eaux dormantes, les forêts inanimées, les vallées crépusculaires. Chez certains peuples de l'Océanie, comme le voyage devait être fatigant, il était préférable de mourir à la fleur de l'âge afin d'avoir les forces nécessaires pour l'affronter. Les enfants pieux tuaient leurs parents avant que leur corps ne soit affaibli.

Mais après les régions redoutables où le voyageur, quelle que soit sa résistance et le flair de son chien, a toutes les chances de se perdre, il y a un pont à franchir. Les Mazdéistes l'appellent Tchinwat et il conduit au paradis d'Ormuzd. Les Musulmans l'appellent Essirat et ils disent qu'il est plus ténu qu'un cheveu et plus tranchant qu'une épée aiguisée. Les justes le franchissent d'un seul élan, avec la rapidité de l'éclair, mais les méchants y glissent et sont précipités dans de savantes et nombreuses superpositions d'enfers. Les Algonquins avaient imaginé que le pont était fait de minces serpents entrelacés dont le sifflement donnait le vertige.

Et pour franchir ce pont, il faut combattre avec un monstre et quelquefois avec plusieurs monstres. La vue en est si terrible qu'elle suffit souvent pour que l'homme renonce et revienne en arrière. C'est quelquefois un singe, quelquefois un crocodile, quelquefois une réunion de singes et de crocodiles. C'est quelquefois un chien, souvent un serpent, souvent un Dragon, c'est le Cerbère des Grecs.

La grande épreuve de l'au-delà est celle de l'intelligence perdue qu'il faut retrouver. Après le sommeil que détermine le choc de la mort, l'homme s'éveille. Il est alors égaré. Il ne sait plus où il se trouve et ce qui l'environne peut être comparé à des ténèbres. Pour percer ces ténèbres, il fait l'effort auquel il est accoutumé en pareil cas, l'effort des sens vers l'extérieur. Et cet effort est inutile. C'est dans l'intérieur de son âme qu'il trouvera la possibilité de voir. Mais il ne le sait pas. C'est alors qu'il a le sentiment de parcourir des régions interminables. Sa

peur et de confuses réminiscences prêtent à ce qui l'entoure des apparences de paysages effrayants, dont les horizons sont interminables. Il
aura quelquefois le sentiment de parcourir des couloirs souterrains. Il
verra d'autres fois se dresser devant lui des montagnes qu'il sera surpris de traverser aussi aisément qu'un brouillard. Ces paysages se dis-
siperont peu à peu, feront place à un confus crépuscule produit par sa
pensée et qui sera d'autant plus clair qu'il aura en lui la substance de sa
clarté. C'est dans cette lumière, très vague pour les uns, qui pourra être
éblouissante pour les autres, qu'il se verra lui-même, qu'il contemplera
le déroulement de sa vie, ses pensées et ses actions, leurs causes et leurs
conséquences, ce qu'il sait et ce qu'il est.

C'est alors qu'il déposera son cœur dans le plateau de la balance. Il
se pèsera lui-même. Il sera les quarante-deux juges du tribunal. Il sera
tous les Dieux souverains. Son regard sera plus aigu que s'il portait une
tête d'épervier. Il inscrira avec plus d'attention que s'il avait une patte
d'ibis, l'énumération de ses fautes, ou plutôt de ce qu'il estime être ses
fautes. Il sera clairvoyant, inexorable, producteur de sa propre justice.
Car, dans cette solennelle minute du jugement, comme s'il était pénétré d'un fulgurant éclair cosmique, il verra ses rapports avec les autres
hommes, et les créatures des autres règnes, il verra quel est son acquit
d'intelligence, son lot d'amour, le résidu de sa vie. Il se jugera avec une
rigoureuse mathématique, selon la mesure des possibilités qu'il avait
eues et dont il s'est plus ou moins bien servi. Et s'il ne possède pas alors une sagesse supérieure qui lui permette, comme par une opération
magique, de brûler les déchets de son existence, il se condamnera lui-
même. De cette condamnation naîtra le monstre.

Le monstre le traversera avec la morsure de l'idée fixe. Il aura des
dents de crocodile, des oreilles d'âne, un sexe de bouc selon qu'il sera
le remords de la cruauté, de l'ignorance ou de la luxure. Le monstre est
l'idée fixe qui dévore et qui vous oblige à recommencer sans cesse, par
la pensée, les actions qu'on a accomplies et qu'on voudrait ne pas avoir
accomplies. Le monstre est le revers de sa propre vie, le double de soi-
même, la force contraire à l'esprit. L'homme lutte corps à corps avec le
monstre et la lutte est longue ou courte, selon qu'il étend, pour serrer,

les tentacules des souvenirs, selon que l'homme le traverse avec l'épée de la connaissance.

Nous pouvons avoir une idée à peu près exacte de cet état par ce qui nous arrive quelquefois au cours de certaines nuits. On s'éveille brusquement et on est la proie d'un regret oublié, du souvenir d'une action qu'on à faite, ou qu'on aurait dû faire. Ce souvenir s'appuie sur deux ou trois autres idées accessoires et leur réunion forme une chaîne qui vous entoure et dont on ne peut sortir. On va de l'une à l'autre comme un prisonnier et ces idées captivantes sont hautes, hérissées de difficultés et leur présence cause une douleur qu'on ne peut chasser. Le réveil au milieu de la nuit comporte une diminution de la conscience. Il accueille l'inquiétude et il se refuse à en voir la fin. Il est un peu analogue à l'état dans lequel on se trouve après la mort, lorsque les remords assaillent l'âme qui n'a plus pour se défendre la claire vision de la raison. Dans les deux états on a perdu la notion de l'importance des choses et la faculté de comparer leurs rapports de grandeur. Mais l'un de ces états finit avec la nuit, avec les rideaux tirés, l'apparition du matin. L'autre peut avoir une durée beaucoup plus longue.

Celui qui voit dans l'enchaînement des causes et des effets, réduit à néant les remords de toutes les actions par la compréhension de ces actions et de leur légitime place dans la chaîne de la vie. Il détruit le monstre en pénétrant sa nature. Il peut le détruire aussi par le clair regard de la sage indifférence et le faire se dissoudre devant lui comme une vaine fumée.

Quand la lutte avec le monstre est terminée, car tout se termine par la consommation du temps, l'homme doit franchir le pont. Il le franchit en vertu de sa légèreté.

Le jugement qu'il a prononcé naguère n'était que le chiffre de son poids. Le pont est ce qui sépare la région spirituelle de la région intermédiaire, appelée aussi astrale, où tournent en forme circulaire, les courants terrestres. L'homme n'échappe à ces courants que si sa propre densité le lui permet. Pour pénétrer dans le monde intelligible, il faut que la pensée forme la matière de son nouveau corps.

Un chameau ne passe pas par le trou d'une aiguille. L'homme ne pourra pénétrer dans le monde spirituel que s'il s'est préparé dans sa vie un corps

susceptible d'en supporter le taux de vibrations. Lorsque ses forces instinctives seront mortes par l'épuisement, selon son intelligence et selon
son amour il lui restera une enveloppe aérienne dans laquelle il pourra
aisément franchir le symbolique pont. Mais s'il n'a pas cette enveloppe,
s'il est dominé par le désir de se réaliser dans la chair, il va où sa vision
l'appelle, selon les forces qui l'attirent. D'ailleurs, la vie spirituelle ne le
tente pas. Il n'aspire pas à y vivre. Elle serait même pour lui un élément
de douleur. Il sent bien que sa constitution ne pourrait la supporter. Il
se laisse entraîner avec une confuse jouissance, par les cercles de la terre.
Il ressent la présence de la matière comme une chaleur vivifiante. De
toute son ardeur il aspire au germe de l'incarnation.

Importance de la Dernière Pensée

— N'abandonne jamais la joie, a dit le Bouddha à son fils.

La joie est le secret du monde. Dans la vie, l'homme le plus fort est l'homme le plus joyeux. Il en est de même après la mort. Le mort joyeux affronte sans crainte l'épreuve de la balance, celle du monstre et celle du pont. La joie est un feu de l'âme sur lequel il faut veiller pendant sa vie, et qu'on doit alimenter avec des brindilles de pensées joyeuses. A l'heure de la mort, c'est une brassée qu'il faut jeter sur ce feu pour que sa clarté illumine les ténèbres dans lesquelles on s'élance.

La dernière pensée a une grande importance. Elle subsiste dans le sommeil qui suit l'instant de la mort. Pareille à une flèche ignée, c'est elle qui dirige et fait voir le but.

Lorsque l'homme sent venir la mort, il doit abolir le regret du monde des formes qu'il abandonne, il doit se concentrer sur la sagesse dont il a fait provision, réunir en faisceau les branches de sa connaissance et les allumer avec sa joie. Il doit être joyeux de sa nouvelle transformation et sourire à ce qu'il ne verra plus. Il faut qu'il se dise : Les êtres aimés ne seront pas perdus pour moi. Je serai encore uni à eux en réalité, grâce à leur amour.

Je les retrouverai sous leur apparence familière, grâce à la force de mon souvenir. Je les entraînerai avec moi en les spiritualisant, s'ils sont moins avancés que je ne le suis dans la marche vers l'esprit. Je les suivrai avec fidélité et ce sont eux qui m'entraîneront, si, par la grâce de leur effort, ce sont eux qui me précèdent.

L'homme qui sent venir la mort doit anticiper sur le sommeil qui la suivra et faire lui-même, en pleine conscience, la cérémonie de son jugement. Il doit, depuis la minute de sa naissance, faire la récapitulation de sa vie, appeler, hors de l'ombre où elles reposent, toutes les actions accomplies, toutes les actions qu'il a jugées bonnes ou mauvaises, selon son arbitraire conception du bien et du mal. Il doit faire apparaître les quarante-deux péchés essentiels en même temps que les quarante-deux juges. Et quand ils sont groupés autour de lui, il faut qu'il réunisse toute sa volonté, toute sa puissance d'évocation et toute sa joie pour accomplir l'acte de magie supérieure qui est en même temps un tour de passe-passe cosmique.

Il saisira au col une des quarante-deux mauvaises actions, la plus grande si c'est possible, la plus petite si la plus grande a un visage trop terrible pour son courage, il la retournera, l'examinera sous toutes ses faces et découvrira la racine qui l'a engendrée. Il remontera à sa cause et il cherchera la cause de cette cause. Et dans la mesure de son imagination, il ira le plus loin possible dans cette recherche des causes. Cela le conduira à l'origine de sa vie, à l'origine de la vie de son père, puis de celle de sa race. Il remontera jusqu'à la naissance de l'homme, au premier mouvement de la vie sur la terre, à la formation du système solaire. Il ira plus loin encore s'il le peut, et il verra à l'origine de tout une responsabilité divine. Et quand il aura embrassé les conceptions des systèmes solaires à travers le prodige des infinis, il considérera la petitesse de sa mauvaise action et son peu d'importance dans l'économie générale. Et il en ressentira une allégresse inconnue. Il se mettra à rire du peu d'importance de la mauvaise action. Il la considérera dans toute son insignifiance. Et les quarante et une autres mauvaises actions perdront toute valeur, rapetisseront jusqu'à ne plus exister, et les juges qui n'avaient de réalité que par elles, tomberont instantanément en dissolution.

Ainsi, l'homme avant de mourir, quand il jouit encore de sa pleine conscience, doit évoquer ce qui lui adviendra après la mort, lorsque sa conscience sera confuse et que la privation du corps et l'ignorance du milieu le rendront passif et stupéfait. Il doit prévoir le jugement, la balance et la venue du monstre. Il doit se juger et s'absoudre en vertu de son caractère chétif et de la pesée des immensités sur le rien qu'il représente vis-à-vis d'elles. Et il doit le faire dans la joie.

Assurément, il se trouvera dans des conditions bien différentes, au moment du vrai jugement, quand il se réveillera de son sommeil posthume, devant le panorama de sa vie. Il sera alors dans un élément affectif, qui est à l'opposé du monde physique, où la séparativité est moindre, et où il concevra les objets et les créatures, comme à peine séparés de lui. Le souvenir d'un acte de destruction exercé durant sa vie contre une plante, un animal ou un homme, lui apparaîtra avoir été exercé contre lui-même. Et c'est cette extension de l'égoïsme qui facilite la naissance des remords et leur donne une force dévoratrice.

Mais s'il a parodié de son vivant la cérémonie redoutable, s'il l'a revêtue de la couleur de la joie, il lui a ôté en partie son pouvoir de souffrance. Quand elle apparaît de nouveau, même si le mort n'a qu'une conscience incertaine, elle a perdu de son sérieux et de son importance. La joie avec laquelle on l'a créée une première fois l'enveloppe encore. Car cette sorte de peinture dont la gaieté recouvre les choses est d'une qualité qui a de la peine à s'effacer et que le souvenir reconstitue.

La joie, l'impondérable joie, est d'essence cosmique. Là où elle se trouve, le remords ne peut enfoncer la plus petite racine. Mais elle n'ouvre pas la porte du monde spirituel. Elle ne donne que l'élan. Elle s'attache aussi bien au désir matériel qu'au désir spirituel. Avec elle, celui qui est fortement attaché aux formes physiques, roulera voluptueusement dans la ronde de la terre, vers la jouissance que donne la génération.

La joie a besoin d'être épurée. Comme les vins qui donnent des ivresses différentes en vertu de l'aristocratie de leur arôme et des soleils qui ont mûri leurs crûs, il y a des joies plus élevées les unes que les autres. On retrouve dans toutes comme une essence commune. Mais il faut, avec une savante méthode, discerner la joie de la terre de celle qui favorise l'accès du monde des Dieux.

C'est par une totalisation de l'être et une affinité de sa substance intérieure que l'homme peut passer le pont qui mène à la vie spirituelle. Tout au plus, au moment de la mort, pourra-t-on favoriser ce passage en s'enveloppant d'un léger vêtement d'idées pures. A cette minute où les facultés normales s'affaiblissent, où la raison vacille, c'est la pensée dominante de la vie qui prend le dessus et c'est sur ses ailes qu'on est emporté.

L'homme doit se souvenir alors de ce qui a été son plus haut idéal et se le représenter avec toute la force qui lui reste. Comme la mort peut survenir brusquement, il est exposé à ne pas avoir la conscience nécessaire. Ainsi qu'un guerrier qui n'a pas le temps de revêtir une armure au moment du combat, il peut ne pas pouvoir rassembler les idées étincelantes qui l'auraient défendu. Il doit s'être exercé depuis longtemps à résumer ses idées en une image symbolique, en un visage divin, en un signe géométrique que d'une façon presque mécanique, il verra accourir au premier appel de la pensée. Il est mauvais que cette image représente une douleur physique, une représentation de supplice. Si c'est une croix, elle devrait être dépouillée de son corps de Christ crucifié, elle devrait être une croix simple et pure comme l'esprit qu'elle a représenté depuis les époques les plus reculées. Le symbole peut être un visage resplendissant de Vénus Aphrodite avec ses yeux couleur de vague marine, sa couronne de roses fleuries et sa chevelure de printemps. Il peut avoir l'ovale du visage que l'on a aimé et qui a reflété pour vous toute la beauté de la terre. Pour être rigoureusement pratique, il vaudrait mieux que le signe rappelât l'absolution qu'on s'est donnée à soi-même, le pardon baptismal de l'esprit. Mais quel qu'il soit, il doit être coloré de la joie de la transformation, de la joie du monde nouveau dans lequel on va pénétrer.

Géométrie symbolique, dessin tracé par la sagesse de toute la vie, visage humain chargé de reflets, visage divin en forme de bouclier, c'est derrière lui que l'âme doit sortir de la dépouille de la chair et sous sa protection qu'elle doit s'élancer en avant.

Le Sens de l'Incarnation

La justice égalitaire dont rêve l'homme n'existe pas.

Après la mort, la loi posthume s'exerce avec la même transcendante absence de pitié que pendant la vie, mais elle s'exerce à rebours. Il y a toujours des stupides et des égoïstes, des intelligents et des affectueux, mais les possibilités de bonheur sont pour ceux-ci et, dans une certaine mesure les premiers sont les derniers. Les différences causées par la richesse et la pauvreté n'existent plus et s'il y a toujours des appétits sexuels, le corps dont on est revêtu ne porte plus la marque du sexe. Mais la transformation est la loi essentielle, le phénomène le plus frappant.

Les êtres se transforment avec d'autant plus de rapidité qu'ils deviennent moins matériels. Plus on descend vers la matière et plus il y a de solidité et d'absence de changement. C'est à cause de cette facilité de transformation que j'ai dit que les morts étaient plus infidèles que les vivants. Cette transformation devient du reste une source infinie de jouissance, mais cette jouissance n'est perceptible qu'à un certain degré de développement. C'est le signe de la médiocrité de vouloir rester éternellement pareil à soi-même. Plus la transformation est rapide, plus il y a communion avec la nature, participation aux lois de la vie. Mais, naturellement, il faut pour éprouver cette jouissance dont nous n'avons aucune idée sur terre, avoir dépouillé une partie de notre égoïsme et de l'amour que nous éprouvons pour notre dure enveloppe.

La différence essentielle des êtres après la mort est dans leur volonté de direction. La plupart, presque tous, sont mus par un désir aveugle de s'enfermer dans une nouvelle forme terrestre. Ils sont appelés vers le monde de la condensation physique. Ils veulent être composés à nouveau par des éléments aux changements lents, par les liquides du sang, les atomes de la chair, le minéral des os. Un tout petit nombre, ceux qui ont pu emmagasiner le sens du monde dans la profondeur de leur être, aspirent à être sauvés de la matière physique et à vibrer à l'unisson de l'esprit.

Ces deux catégories d'êtres se croisent et s'en vont, chacune vers des destinées différentes. La grande, l'unique séparation de ceux qui s'aiment n'a pas lieu par l'ordinaire mort dont nous connaissons les tristesses. Elle se produit au moment de la décision qui projette l'un vers le monde de l'esprit et l'autre vers celui de la terre. Et elle est alors irrévocable. Aussi ceux qui s'aiment doivent veiller avec soin, non seulement à ce qu'il ne se produise pas dans leur nature de trop grands changements pendant que l'un est vivant et que l'autre est mort, mais encore à avoir un développement spirituel à peu près le même pour éviter la définitive séparation qui fait se réincarner l'un et qui permet à l'autre d'échapper à la terre.

Après que le panorama de la dernière vie s'est déroulé devant lui, alors l'homme choisit. Il choisit en vertu de l'amour déterminé dans sa substance. Presque toujours le choix le précipite vers ce qu'il a aimé, vers les plaisirs dont il a l'habitude et comme pour éprouver ces plaisirs il faut des organes physiques, il aspire à posséder ces organes.

Quelle appétence il éprouve alors ! Quelle inextinguible soif, douloureuse comme une brûlure ! Il ne voit plus les formes, il ne perçoit plus que leur double muet, la mystérieuse figure de leur essence. Il se laisse aller dans un vertige demi-conscient, aux courants circulaires comme la planète, qui naissent d'elle et tournent dans son mouvement. Selon ses attractions, l'homme va de préférence vers les milieux où il a joui physiquement. Il répond à des appels, tous les liens créés jadis par lui l'attirent, il roule ici et là, conduit par les tentations qu'enfantent ses désirs. Celui qui a aimé les forêts est attiré par le magnétisme qui se dégage des arbres. Celui qui a vécu sur l'eau, flotte sur les brumes de la mer, monte et descend avec l'écume, se pâme sur le sable des rivages. Les villes avec leurs réunions d'humains ont de formidables attraits. Les êtres qui errent dans les courants invisibles voient les cheminées comme des signes spectraux indiquant que sous le couvercle des toits il y a des chaleurs charnelles de corps, des présences dont le rapprochement procure le plaisir. Les clochers des églises ne sont pas pour eux des images de prière, mais des fantômes qui témoignent dans l'espace qu'au-dessous d'eux les hommes sont assemblés pour la jouissance collective. Ils se mêlent à tout ce qui est vie, ils tourbillonnent en troupes plus denses dans les foules, ils se posent, comme les mouches, partout où il y a un peu de sang. Car le sang, le sang animal ou humain, la matière préparée pour la vie a un pouvoir récepteur de la créature qui aspire à vivre, et lui donne une confuse satisfaction, un avant-goût de ce qu'elle désire.

Mais c'est le germe qui est attractif. C'est l'odeur sexuelle, c'est l'humide semence génératrice, surtout celle de l'homme, qui renferme le plus puissant pouvoir d'appel.

De même qu'il y a des bêtes qui s'en vont vers une flaque d'eau à travers d'immenses déserts, de même qu'il y a des oiseaux de proie qui ont la connaissance d'une charogne reposant à une énorme distance, ainsi les êtres de l'au-delà vont vers le germe qui leur est destiné. Ils le trouvent en vertu des affinités qui leur sont propres. Chaque semblable va vers son semblable. Il y a un sens de direction que l'on pourrait appeler le sens de l'incarnation. L'homme retrouve son groupe et dans son groupe il retrouve ceux qu'il a aimés et haïs dans des vies précédentes. C'est par "ce groupe qu'est produit le germe dans lequel il y aura les meilleures facilités de développement, la plus grande puissance de jouissance. C'est dans ce groupe que le germe tombera dans la matrice la plus maternelle, la matrice où, pendant neuf mois, il se préparera dans des ténèbres humides, à revoir la lumière du soleil perdu.

Il s'y préparera en façonnant avec la substance du corps maternel la nouvelle enveloppe par laquelle seront satisfaits les impérieux désirs qui le poussent. Il travaillera de son mieux, sculptant sa tête avec sa propre pensée, façonnant sa forme selon l'usage qu'il veut en faire et selon les matériaux, bons ou mauvais, dont il dispose. La collaboratrice vers laquelle il s'est élancé, parce qu'elle l'appelait, l'aidera des sucs de sa chair et des fluides de son essence. Il se préparera des incapacités physiques, résultants de sa négligence à tisser et à sculpter, des absences de qualités morales, résultats de son ignorance. Et il mettra neuf mois à terminer cette œuvre imparfaite.

Mais la naissance dans le meilleur germe comporte des difficultés. Il faut trouver ce meilleur germe. Pour le trouver, il faut répondre à un appel, être attiré par les créateurs. Plus on a aimé, plus on est appelé. Malheur alors à l'égoïste qui s'est rendu volontairement solitaire !...

Malheur à celui qui a laissé en lui s'obscurcir le sens de l'incarnation. Il risque de ne pas entendre l'appel. Et il se peut aussi que personne ne l'appelle tandis que celui qui a beaucoup aimé et été très aimé aura le choix dans les attractions. De toute façon, il y a une période de recherche, d'attente, qui n'est qu'à demi consciente.

Il y a des morts aveugles et sourds, des morts clairvoyants et d'ouïe délicate. Il y a surtout des morts en qui le désir de la matière est grand. Le mort dont la nature est grossière, le mort qui s'est laissé dominer par une passion physique peut s'écarter de sa voie et se précipiter dans n'importe quel germe inférieur où il pourra satisfaire plus vite cette passion.

Il est sage de développer, dans la mesure où cela est possible pendant sa vie le sens de l'incarnation. Celui qui a en soi le plus d'amour est celui qui a le plus de facilité pour s'incarner. Nous verrons que cette richesse d'amour est également une condition pour échapper à l'incarnation. La capacité d'amour et la somme de connaissance établissent la hiérarchie des êtres. Les derniers sur la terre deviennent les premiers s'ils sont riches d'intelligence et d'amour.

Les derniers sur la terre restent les derniers s'ils sont ignorants et égoïstes. Mais en réalité il n'y a ni premiers ni derniers. Il y a des aveugles et des inconscients d'une part, il y a d'autre part des êtres qui sont conscients et jouissent de la compréhension des choses. L'affectif est dans un milieu où la communication de l'un à l'autre est plus aisée que dans le monde physique et où sa seule dilatation lui donne de la joie. L'intelligent qui tire toute joie de l'intelligence entrevoit un domaine sans fin pour le jeu de sa pensée. Et l'un et l'autre, grâce à leurs qualités sont poussés vers le germe de leur race, et de leur groupe, où ils seront incarnés dans les conditions les meilleures, si l'on juge, toutefois qu'il peut y avoir des conditions qui soient bonnes pour rentrer dans la captivité de la terre.

La Menace de l'Animalité

Les hommes dans leur orgueil se sont toujours révoltés à l'idée qu'un homme, avec ses facultés sublimes pourrait se réincarner même accidentellement, dans un corps d'animal. Les philosophes modernes — ceux qui croient à la réincarnation — pour donner satisfaction à cet orgueil ont décrété qu'il y avait entre les règnes une séparation absolue. Ils ont qualifié de grossière superstition une conviction qui fut partagée par le Bouddha, par Pythagore, par Platon et par Plotin, c'est-à-dire les esprits les plus élevés de l'humanité.

Il y a possibilité d'incarnation dans un corps d'animal quand la somme des désirs dans la conscience de l'homme correspond plutôt aux désirs d'une conscience animale que d'une conscience humaine. Il n'y a pas de cloisons étanches entre les formes changeantes de la vie et chacun prend la forme qui correspond le mieux à la totalisation de ses actes et de ses pensées en une tendance. Une tendance de férocité s'exprimera mieux dans un animal féroce, un goût immodéré de course dans quelque bête légère qui passe son temps à courir. Il y a des hommes qui n'ont aucune faculté sublime, qui n'ont même aucun désir de se servir de leur faculté de pensée. S'efforcer dans le domaine de la pensée, représente même pour certains une horrible possibilité*. Des tendances purement affectives, poussées à l'extrême, comme la fidélité, se réaliseront mieux, par exemple chez un chien que chez un homme.

Une passion insatisfaite peut faire exceptionnellement rétrograder l'homme dans l'animal, par la hâte de l'assouvissement. La chute est alors plus profonde que l'ordinaire retour dans le règne humain auquel se condamnent, avec une joie ineffable de vivre, la grande majorité des hommes. Le Bouddha a enseigné que l'on peut tomber d'encore plus haut. Le désir est souverain. Même quand on a dépassé le stade hu-

---

* Un de mes amis me disait, il y a peu de temps en présence d'une bibliothèque : Quel châtiment pour moi si j'étais obligé de lire ces livres !

main et que l'on a atteint celui des Dieux l'appel du désir, son besoin immédiat d'être satisfait, ramène dans certains cas, au règne animal. Et c'est pourquoi il ne prêchait d'autre sagesse, comme souveraine clef du monde, que l'anéantissement total du désir.

Tout homme, même arrivé à un certain degré de sagesse, a éprouvé ce caractère tyrannique du désir qui veut être satisfait d'une façon immédiate. Que de sacrifices on accomplit dans la vie pour une réalisation obtenue sur le champ ! L'attrait du corps est une impérieuse puissance, Poussés par cet attrait, une âme grossière qui n'a pas donné vie à son intelligence, qui n'a que des instincts physiques à réaliser, s'élance quelquefois dans un germe de bête oh la croissance est plus rapide et où, par conséquent, les instincts sont satisfaits plus tôt. C'est toutefois une exception.

Si nous nous penchions, avec un souci plus grand de fraternité, sur les espèces animales, nous y découvririons souvent les signes qui les apparentent à nous. Certains clairvoyants ou plutôt certains clairaudients, prétendent avoir entendu, venant des bêtes, des appels, des cris de reproche, poussés vers leurs frères oublieux. Une observation attentive des animaux permet de retrouver chez eux des mouvements d'intelligence qui vont plus loin que la capacité de leurs organes, dépassent les possibilités de leur règne. C'est surtout chez les animaux sauvages qu'existent des facultés qui dans une certaine mesure sont humaines.

Du reste, il n'est pas de mouvement qui n'engendre son contraire, S'il y a un élan vers le spirituel, il y a un retour en arrière, un élan vers le matériel. Il n'est pas d'homme qui n'ait senti en lui, à de certaines heures, cet élan rétrograde. L'aspiration animale est cachée en nous et se réveille par la suggestion de certains désirs. Sous l'empire de la faim, l'homme est totalement dominé par un instinct d'absorption de nourriture. L'appétence sexuelle le transforme, même s'il a atteint un certain degré de raison en une bête uniquement désireuse de manifester sa qualité de mâle ou de femelle.

L'imitation des animaux joue un grand rôle dans la vie des hommes et les plus cultivés s'y adonnent, non sans orgueil. Le sport, qui a pris une si grande place dans nos sociétés occidentales, n'est qu'une forme de cette imitation. Les modèles animaux ne sont d'ailleurs jamais atteints. Aucun coureur ne franchit des distances avec la rapidité du cheval. Que sont les meilleurs nageurs à côté des rapides poissons ? Sur leurs appareils imparfaits, quels aviateurs pourraient égaler les oiseaux ?

Il en est de même pour l'effort générateur. L'homme qui a beaucoup d'enfants, en imitant la fécondité de l'animal, imprime à ses tendances un mouvement rétrograde, car dans l'échelle des espèces, ce sont les plus prolifiques qui sont les plus inférieures. Son mérite n'est qu'un égoïsme aggravé d'un désir de multiplicité.

La force rétrograde repose en nous et nous la subissons à notre insu. Elle nous pousse à marcher à quatre pattes, à lamper pour boire, à grimper aux arbres pour nous divertir. Mais il arrive qu'un homme se laisse dominer par un instinct animal. Sous la couleur du plaisir cet instinct prend la forme de son idéal. Si cet homme, par le fait de sa mauvaise chance, meurt au moment de la satisfaction de son instinct, quand toutes ses forces sont centrées pour le réaliser, il emportera cet idéal à travers la mort comme sa seule lampe conductrice. A l'heure de sa nouvelle incarnation, cet aveugle sera attiré, malgré lui, vers la créature dont les organes pourront porter à leur maximum les qualités qu'il a désirées. Avec volupté, il s'emparera d'un germe de bête où s'exprimera aisément l'idéal animal de sa vie d'homme.

Mais cette chute est rare et ne peut être de longue durée. Qu'est-ce qu'une vie dans l'ensemble des vies par lesquelles toute créature doit passer ? L'être qui a été humain sera appelé impérieusement par ce qu'il a perdu. Il est accoutumé à l'expression par la parole. C'est le désir de s'exprimer en vocables qui deviendra en lui le désir prédominant, obsédant et, qui le ramènera dans un corps d'homme. La fixité désespérée avec laquelle certains animaux nous regardent quand nous parlons, n'est que la nostalgie du verbe perdu. Car le désir qui précipite la chute est aussi l'instrument du salut. Les lois de la nature, ont toujours deux faces. Par le désir on descend. Par le désir on remonte et c'est la qualité du désir qui fait monter ou descendre.

* * *

Comment trouverai-je la juste mesure dans la complication des lois ? Comment ne me perdrai-je pas dans le dédale mystérieux du devenir ? Surtout comment échapper à cette menace de l'animalité ? Puisqu'il est vrai que chacun tisse ses fibres corporelles, prépare la qualité de son sang et la solidité de ses os dans le ventre maternel, il doit être vrai aussi que la forme de chaque homme garde une certaine ressemblance avec la forme de sa vie précédente. La similitude du créateur doit engendrer la similitude du moule.

Ainsi j'ai vu avec certitude le souvenir de vies animales inscrit sur maint visage autour de moi. Je me souviens d'une charmante amie qui avait tellement l'air d'un oisillon éberlué qu'instinctivement je cherchais de la main le velouté d'un plumage le long de son corps. Une autre avait gardé de la famille des paons dont elle était issue, l'habitude ostenta-toire d'étaler sa beauté pour séduire par la richesse du don. Combien de personnages craintifs ont reçu leur crainte et leur faculté mouton-nière d'imitation de l'espèce des moutons ! Combien ont dans la forme de leur tête un aspect de loup, de porc ou de renard ! D'une ancienne vie de coq certains n'ont-ils pas gardé un goût outrancier de polygamie, un prétentieux besoin de domination féminine. Sur les uns, l'élément aquatique exerce une invincible attraction et d'autres, lorsqu'ils voient des arbres éprouvent aussitôt le désir d'y monter.

Je sens en moi s'agiter tous les instincts animaux et j'ai peur que l'un d'eux, par la puissance de quelque ressouvenir, ne s'empare tyranniquement de moi. Il m'arrive de ressentir, non comme un espoir mais comme une réminiscence, la volupté de ramper sous des écailles à l'image du serpent, de m'enfermer dans une maison roulante, à l'image de la tortue. J'ai galopé librement sur des landes avec des chevaux sauvages. Je me suis ébroué sur des fumiers avec l'allégresse de souiller mon poil, quand j'appartenais à une famille de sangliers. Chien mélancolique, j'ai aboyé vers la lune dans des nuit d'automne. Alouette privée de raison, je me suis levée à la première heure du jour pour compter les gouttes de rosée qui mouillaient mon bec. Dans des basses-cours, j'ai aspiré à la liberté. Libre, j'ai regardé avec admiration, de l'orée des bois, la mystérieuse silhouette des hommes. J'ai déterré les morts quand j'étais chacal, j'ai été aristocrate quand j'étais girafe, j'ai passé des vies entières à faire des farces quand j'étais singe. J'ai reçu des flèches, je suis tombé dans des pièges, mon troupeau m'a abandonné quand j'étais blessé. J'ai eu faim, j'ai eu soif. Mes principales préoccupations ont été des recherches de nourriture, des poursuites de femelle. Mes plus grandes joies ont été des chaleurs de nid ou de tanière, des caresses de bec, des proximités de museau. Et toujours j'étais effrayé de ma laideur quand je voyais mon image dans l'eau.

Mon Dieu! comme toutes ces vies étaient semblables à la vie humaine! Mon Dieu! Comme le degré que j'ai franchi est minime et comme je serais insensé de m'en enorgueillir! Mon Dieu! gardez-moi de l'animalité que je porte en moi!

Possibilités de Choisir Sa Prochaine Incarnation

C'est par un étrange mystère, mystère qui touche à celui de la justice et de l'injustice, que l'homme s'incarne dans un corps plutôt que dans un autre. Il est plus agréable d'être beau que d'être laid. Il semble plus commode de se développer dans un milieu riche que dans un milieu pauvre. Si on jouissait de la faculté du choix, presque tous les hommes naîtraient beaux et riches. Dans quelle mesure a-t-on cette précieuse faculté de choisir et quelles sont les lois qui conduisent les courants de la forme en voie de constitution ?

C'est sur ces lois que la nature a jeté son voile le plus hermétique. Elles sont si complexes qu'il est difficile de se reconnaître dans leurs entre-croisements. Il apparaît toutefois que s'il y a, dans une certaine mesure, une faculté de choix heureux, elle appartient aux plus intelligents et à ceux qui ont cultivé un pouvoir d'amour.

L'homme engendre sans cesse des causes et des effets. Seulement, il ne reconnaît pas toujours les effets qu'il a engendrés. La surprise que lui procurent certains effets vient de l'oubli dont son âme est recouverte au moment de sa chute dans la naissance. Mais même si cet oubli bienfaisant ne le libérait que passagèrement de ses misérables obsessions, de ses haines et de ses amours, il ne comprendrait pas le tissu compliqué des causes et des effets. Une grande partie des douleurs qui nous frappent sont engendrées par notre propre sottise, durant notre jeunesse. Cela ne nous empêche pas de maudire la destinée qui n'y est pour rien. Une cause produit souvent ses effets sous nos yeux, en quelques années, sans que nous soyons capables d'en rien discerner. Le discernement est quelquefois impossible parce qu'il y a des effets qui s'étendent d'une vie à l'autre et des causes qui semblent n'avoir aucun effet, parce qu'à notre insu, par une réaction intérieure, nous avons annihilé ces effets, Ce que la philosophie de l'Inde appelle le Karma est moins rigoureux qu'on ne l'a dit. Notre Karma s'exerce en nous, dans nos tendances, et nous sommes par conséquent susceptibles de le modifier et parfois de l'anéantir. Le repentir est une forme indirecte de l'annihilation du Karma. Elle est plus lente que si elle était directe, c'est-à-dire consciente.

Le monde de la vie physique est celui où l'on engendre surtout les causes inférieures, les causes physiques qui ont des effets de même nature. Le monde dans lequel on vit après la mort est celui des causes supérieures. Il n'y a de possibilité d'engendrer des causes dans le monde spirituel que pour ceux qui ont atteint un certain développement et retrouvé leur pleine conscience.

La loi ordinaire, celle qui joue pour la majorité, fait incarner l'homme dans un germe d'homme. Mais comment se fait-il alors que l'on subisse les tares et les maladies de ses pères ou que l'on bénéficie de leurs qualités ? Pourquoi en naissant l'un est-il boiteux, pourquoi l'autre a-t-il l'avantage d'une longue chevelure et d'une taille élancée ?

On s'incarne par essaims. Comme les abeilles, les créatures humaines forment des essaims. Les hasards apparents de la vie sont produits par les mouvements instinctifs des unités de l'essaim qui tendent à se retrouver pour des échanges de bien et de mal. On est lié à un petit groupe de l'essaim. On fait dans une certaines mesure partie des êtres proches qu'on a aimés et qui vous attirent. S'ils ont des facultés, des goûts, des maladies, c'est très souvent à vous qu'ils les doivent, à vos actions et à vos pensées dans des vies antérieures. Ils ne font que vous rendre, quand vous entrez dans leur germe physique, ce qui vous leur avez donné. Prenons l'exemple d'une grave maladie, la tuberculose. L'être en s'incarnant, la trouve dans les matériaux dont il compose son corps. Mais il n'y a là qu'un échange. Il retrouve ce qui lui appartient. Il a donné, il reçoit à son tour. S'il a nourri en lui un assez puissant désir de santé, il gardera la maladie en puissance dans son germe, il l'empêchera de se manifester, grâce à son goût de la santé. Il neutralisera par cet effort son Karma physique.

Il arrive souvent qu'il n'y a aucune manifestation d'hérédité. C'est que l'être s'est incarné parmi des inconnus. N'ayant que peu d'affinités avec ses parents, il a la possibilité, pendant qu'il travaille à son corps dans le ventre maternel, de repousser des germes de maladie qui lui sont étrangers et avec lesquels il n'a aucune affinité. Mais il bénéficiera plus difficilement pour la même raison de l'apport des qualités héréditaires.

Celui qui a désiré avec ardeur dans des vies antérieures la beauté du visage et de la forme, mettra ce désir en œuvre et a beaucoup de chances de se sculpter beau. Ses passions inférieures, même si elles sont nombreuses et horribles, essaieront en vain de le contrecarrer et de s'imprimer sur ses traits, Le désir a une force puissante. C'est pourquoi l'on voit des créatures pleines d'une perfection physique qui n'a aucune corrélation avec l'imperfection de leur âme.

Nos actions passées ont un contrecoup indirect sur la création de notre nouvelle forme au moment de l'incarnation. Ce contrecoup s'exerce par nous-mêmes. Si, par exemple, je fais consciemment à quelqu'un une blessure physique, j'attente à un principe intelligible de forme qui a son reflet en moi et ma qualité créatrice est diminuée.

Platon pensait qu'il y avait des essences éternelles, des principes spirituels, à la contemplation desquels parvenait l'homme supérieur après sa mort et quelquefois de son vivant. Une action de violence que nous commettons, correspond en nous à une déformation d'un principe spirituel. Cette déformation se manifestera au moment de l'incarnation, par une incapacité d'édifier une belle forme. Celui qui contrarie en lui le génie de la forme reste un créateur médiocre. Ainsi, dans une certaine mesure, se manifeste une certaine justice, selon notre conception.

Seulement cette justice est lente et elle n'a ni l'aspect, ni les qualités que nous prêtons idéalement à une justice immanente. Elle ne frappe pas un coupable de l'extérieur, mais elle jaillit de l'intérieur de son cœur, par une modification de ses capacités. Ce que nous appelons le remords et qui peut être considéré comme une forme du châtiment, engendre dans l'âme, par son travail obscur et redoutable, les qualités contraires de l'action qu'on regrette d'avoir accomplie.

L'être transformé par le remords éprouve de nouvelles affinités et est attiré, au moment de l'incarnation, par un milieu nouveau, en vertu de ces affinités. Mais si hautes et nobles que soient les affinités, si parfait que soit le milieu où Ton est appelé par ses antécédents, celui qui a en lui un puissant désir de vivre peut toujours s'élancer aveuglément vers le milieu le plus grossier de son essaim, pour une réalisation immédiate.

Ainsi le voyageur affamé, en quête de repas, quelle que soit sa richesse, s'attablera dans l'auberge des mendiants et se contentera d'un vin rude et d'un oignon avec son pain.

Si l'on considère que le but essentiel est de retrouver ceux qu'on aime et de naître dans un milieu où l'esprit ne sera pas opprimé, il faut veiller à ne pas avoir en soi cette faim dévoratrice. La faim de la jouissance physique qui est le lot de presque tous les hommes est un plus grand danger, pour obtenir une incarnation favorable, que toutes les conséquences d'actions que nous avons coutume de nommer mauvaises. L'aspect le plus redoutable du mal dans l'au-delà est le goût immodéré de la vie physique qui voile le sens de l'incarnation et empêche de bien choisir ses pères.

Le sens de l'incarnation peut être voilé également par notre désir de retrouver quelqu'un que nous avons aimé et qui s'est placé avant nous dans un milieu inférieur, ou le mal domine. Dans notre effort de le suivre, nous risquons d'opter pour des germes chargés de tares que nous ne méritons pas et dont le poids sera une source de douleur.

Ainsi nous ferons la plus cruelle des expériences. Ce que nous avons estimé être le meilleur, l'affection pour une créature fraternelle, nous fera rétrograder, au lieu de nous élever. Nous lui donnerons une preuve d'amour qu'il ignorera toujours et que nous ignorerons nous mêmes, pendant que nous serons éclairés, sous cette forme par le soleil de la terre. Mais la roue tourne. Les vies se succèdent, nombreuses et diverses et si imparfaites que soient les créatures nourries du grain du malheur, elles tirent toujours un petit avantage du fait d'avoir été créature.

L'absolution de la religion catholique après la confession est un sage moyen pour permettre aux hommes de mourir et de se réveiller après la mort dans une désirable paix avec eux-mêmes. Cette paix a de l'influence sur le sens de l'incarnation. Mais l'absolution donnée par un prêtre, serait-il un pape, n'a d'action que sur les âmes moyennes. Celles-là, passant à travers les courants intermédiaires dans un état de demi-conscience, se contentent de cette vague satisfaction d'elles-mêmes qu'elles ont reçue avec le signe magique du prêtre.

Mais les âmes élevées, quand elles retrouvent leur pleine conscience, sont obligées de réviser l'absolution donnée par l'homme, au nom de Dieu. Elles savent qu'il n'y a de jugement que devant son propre tribunal, d'absolution que celle que l'on se donne et que la sagesse divine est conformée de telle sorte, qu'elle ne produit que des pardons illusoires, en attendant le seul vrai pardon celui qui est engendré par l'esprit et qui en jaillit comme une fleur jaillit d'un arbuste.

Il convient de ne pas avoir une âme trop sévère, afin de ne pas se juger trop mal. Sur l'arbuste qui doit donner la fleur, il ne faut pas verser des substances corrosives. Les scrupules qui rongent, les préjugés qui détruisent, persistent après la mort et contrarient dans une large mesure le pardon qu'il est si nécessaire de s'accorder.

Heureux celui qui par une vision libérale des choses, par un affranchissement harmonieux des barrières humaines, parvient à la connaissance des causes les plus élevées, connaissance par laquelle la faute humaine perd toute valeur ! Heureux celui qui s'absout joyeusement et qui dans la légèreté de son pardon, vogue vers l'incarnation la plus favorable !

Des Moyens de Discerner Ses Vies Antérieures

Beaucoup de gens pensent que puisqu'ils ne se rappellent pas leurs vies antérieures c'est que ces vies n'ont jamais eu lieu. D'autres croient à leur existence, mais regrettent amèrement de ne pas en avoir conservé la mémoire. Pourtant la loi si impitoyable de la nature n'a pas eu pour l'homme de faveur plus précieuse que l'oubli du passé. Lorsque les âmes entrent dans la prison de la chair vivante elles boivent l'eau divine du fleuve que les anciens appelaient Léthé et dont, plus instruits que nous, ils reconnaissaient le bienfait.

Au degré de notre développement, dominés encore comme nous le sommes, par le principe de la haine, nous ne songerions qu'à satisfaire des rancunes, assouvir des vengeances. Nous ne tiendrions pas compte du changement qu'ont subi les êtres entre deux existences et du changement que nous avons subi nous-mêmes. L'expérience que nous donnerait la vue d'anciennes erreurs serait tristement compensée par les erreurs plus grandes que cette connaissance nous ferait commettre.

A mesure que l'esprit s'élève dans la hiérarchie de l'esprit il conquiert une possibilité plus grande de voir son passé se dérouler sous ses yeux. Chacun a le souvenir qu'il mérite ou plutôt qu'il peut supporter. Il viendra un temps encore bien éloigné, où l'homme aura le privilège de retrouver dans sa conscience le souvenir de toutes ses vies. Mais peut-être ne se servira-t-il de ce privilège qu'avec de grandes précautions. Il aura compris quel délice caché renfermait l'eau du Léthé et la douceur de ne pas savoir.

D'ailleurs, sous le voile épais qui recouvre notre pensée, nous avons quelques possibilités de voir se dessiner dans la brume les fantômes de nos dernières vies.

L'indication la plus sûre est celle qui provient de nos impulsions instinctives, des obscurs penchants qui nous poussent vers certains êtres plutôt que vers d'autres. Il est sage d'examiner avec soin ces indications car toute notre existence est subordonnée à la rencontre d'un petit nombre d'individus qui doivent jouer un rôle dans notre existence, soit pour l'aider, soit pour la retarder, soit pour nous rendre heureux, soit pour nous faire souffrir.

J'ai souvent regretté de ne pas être un savant versé dans la connaissance des lois mécaniques, en même temps que la science subtile des ondes et des courants. Je me serais efforcé d'inventer un appareil qui aurait été plus utile que le moteur d'automobile ou le téléphone. Cet appareil, dont la délicatesse aurait été extrême, aurait permis à l'homme de savoir en quel point du monde se trouve l'être de sexe différent, avec lequel il a des affinités et qui est susceptible de faire l'échange de l'amour. Cet appareil aurait comporté une mappemonde dont un point ou plusieurs points seraient devenus lumineux pour indiquer les lieux où il faudrait se rendre afin de faire la rencontre désirée. Peut être des inventeurs ont-ils songé comme moi à l'invention de cette machine, révélatrice de la sympathie et ont-ils été arrêtés par les difficultés de réalisation.

On peut arriver par l'observation attentive à une connaissance utile du jeu des affinités.

Tout le monde peut constater que dans les premières années de sa jeunesse on découvre avec assez de rapidité tous les personnages, bons ou mauvais qui joueront un rôle dans votre existence. Il semble que le sort ait voulu que chacun fasse une sorte de récapitulation de toutes les richesses d'affection que lui réserve l'essaim humain dans lequel il s'est placé, plus ou moins consciemment. Tous ces personnages découverts dans le premier élan pour connaître la vie sont les anciennes relations de l'existence antérieure. On se crée, naturellement de nouveaux liens, mais les plus importants sont mystérieusement rassemblés au début de la jeunesse. Les nouvelles relations faites dans l'âge mûr par exemple, peuvent aussi, mais seulement à titre d'exception être des relations de la vie passée.

En faisant un rapprochement entre les tendances essentielles des différents individus qui jouent un rôle dans votre vie et semblent en avoir joué un dans votre vie précédente, on a la notion d'un groupe particulier. Il faut alors tenter d'associer ce groupe à l'être qu'on est soi-même.

En s'aidant d'une réminiscence, du goût particulier qu'on a pour une époque, ou de la réminiscence et du goût que peuvent révéler les individus du groupe, il arrive qu'on précise le temps et le lieu où cet essaim s'est incarné antérieurement. Par des reconstitutions par l'analyse des tendances muées en caractères on peut aller plus loin, jusqu'à la découverte de certains états passés d'amour ou de haine. Mais l'imagination et la fantaisie poétique risquent de jouer un grand rôle dans ce genre de recherches.

Les méthodes d'introspection prolongée ne donnent que de faibles résultats. On pourrait aller plus loin en provoquant des états de somnambulisme. A. de Rochas a consigné ses expériences en un gros volume qui est assez probant. On y voit les sujets rétrograder dans le temps sous l'influence du sommeil magnétique. Ils balbutient et parlent un langage enfantin, quand ils arrivent à leur première enfance, ils se replient sur eux-mêmes, les bras au corps et les poings aux yeux, quand ils sont censés être à l'époque où ils vivaient dans le ventre de leur mère. La physionomie est toujours en rapport avec la personnalité par laquelle ils passent et la minute douloureuse ou joyeuse qu'ils décrivent. Le sujet fait des récits plausibles et retrace des existences de personnages dont on a pu quelquefois vérifier l'existence. Malheureusement ces récits, qui touchent parfois à l'histoire, renferment des invraisemblances et des anachronismes. Leur masse et leur concordance sont malgré cela impressionnantes. Mais il ne faut pas connaître soi-même les médiums qui servent d'ordinaire à ce genre d'expérience. Il se peut que je sois toujours mal tombé. Mais ceux en présence de qui j'ai été dégageaient, comme une atmosphère tangible, un mensonge conscient et organisé. Il suffisait de quelques passes d'un sincère magnétiseur pour qu'ils soient projetés avec aisance, avec trop d'aisance, à travers une vie lointaine et toujours illustre. Non, non, disait alors en moi une voix intérieure qui ne me trompe jamais. La plupart des médiums conforment leurs visions à une religion spirite dont ils ont, d'ordinaire, connaissance. Ils obéissent à sa morale étroite et rigoureuse et ils veillent à confirmer le châtiment de ses enfers et les joies puériles de ses paradis.

Cependant, il y a dans le livre de A. de Rochas plusieurs déclarations qu'il faut retenir, émanant des sujets, qui paraissent les plus véridiques. Plusieurs notent qu'au moment de s'incarner, ils ont été entraînés, malgré eux, par le courant d'une force irrésistible. Il résulterait de cela, qu'outre le désir latent de la vie, une loi cosmique précipiterait dans la forme les créatures et que celles qui voudraient échapper à cette forme seraient obligées de mettre en œuvre une force plus puissante, émanant de leur volonté.

Un sujet de faible développement, en état de somnambulisme, remontant le cours de ses vies et arrivant à la quatrième déclara, avec une certaine honte, que c'était une vie de singe et qu'elle en avait gardé les passions animales. A. de Rochas ne prit pas la chose au sérieux et il eût de la peine à ne pas rire. Une telle déclaration ne renfermait pourtant aucun caractère plaisant et aurait dû être pour lui un sujet de méditations.

Cette série d'expériences est encore très intéressante par l'indication qu'elle donne sur le délai séparant les vies entre elles. Platon avait fixé, d'une manière générale, ce délai à mille années. Mais peut-être pensait-il aux vies des philosophes, les seuls hommes qui eussent de l'intérêt à ses yeux, ainsi qu'aux yeux des sages qui ont scruté ces problèmes dans l'antiquité. Le stoïcien Chrysippe pensait que seuls les philosophes ont une existence après la mort. Les théosophes modernes qui ont produit une abondante littérature sur l'au-delà ont reculé ce délai, pour une intelligence moyenne, à quinze cents ans. Il est vrai qu'ils sont revenus sur cette opinion et ont diminué le délai si imprudemment fixé.

Les expériences de A. de Rochas montrent que la loi générale de la succession des vies veut que l'on passe de l'une à l'autre, presque sans intervalles. C'est que tous ses sujets sont des gens très peu cultivés, souvent même grossiers. La preuve en est qu'ils sont unanimes à décrire une période de ténèbres après la mort et une lutte confuse pour conquérir la clarté.

Le délai qui s'écoule entre deux incarnations est infiniment variable et c'est cette variation qui a créé tant d'opinions diverses. De même que dans la vie terrestre, certains meurent au bout d'un jour parce qu'ils n'ont pas un organisme assez résistant et d'autres à quatre-vingt-dix ans, par la vertu de leur vigueur, de même, dans la vie après la mort, ceux qui n'ont qu'un misérable corps spirituel sont aspirés aussitôt par l'incarnation et ceux qui ont un corps spirituel viable passent de longues années avant de s'incarner.

La loi est rigoureusement la même que sur la terre. L'homme riche, parmi les vivants avides de spéculations et de richesses, est celui qui a le plus de chance de devenir plus riche, parce qu'il possède l'instrument nécessaire. Dans l'au-delà l'homme intelligent est celui qui a le plus de chance de devenir plus intelligent, c'est-à-dire d'avoir un sort heureux. La possession de la faculté permet le développement de la faculté. Cela, dans notre langage, peut s'appeler justice aussi bien qu'injustice. Il vaut mieux l'appeler loi.

Le délai qui sépare les vies dépend moins du développement de chaque individu que de son désir de rentrer dans la forme. Si nous prenons un homme réunissant la plus grande somme d'intellectualité possible, la durée du temps qu'il vivra entre deux vies dépendra des désirs physiques qu'il aura éprouvés dans les dernières années de sa vie. S'il a émis un sincère et puissant désir de ne pas revenir sur la terre, ce désir joint à l'ampleur de son intelligence, suffira à l'empêcher de se réincarner, tout au moins pour une durée incalculable d'années. Et comme la faculté de changement est d'autant plus grande que la pensée est active, quand il réapparaîtra sur la terre, ses tendances seront tellement modifiées que nul ne pourra faire un rapprochement avec son ancienne personnalité. Si, au contraire, en vieillissant, il a eu des affections étroites, celles-ci le rappelleront avec son groupe, et le rappelleront d'autant plus puissamment qu'il sera lié à ce groupe. Un homme ordinaire, sans développement intellectuel, ne se modifie guère entre deux vies et revient, à peu près semblable à lui-même.

C'est un fait reconnu par ceux qui ont étudié les lois de la réincarnation que cet homme ordinaire apporte en naissant la caractéristique physique générale de sa dernière existence. Chacun construit dans le ventre maternel le type humain qu'il connaît le mieux, et qui est le type de sa dernière existence. On voit parfois naître en France, de parents français, un enfant ayant par exemple le type hindou ou chinois. En vain, chercherait-on dans le passé le rapprochement d'un hindou ou d'un chinois avec une de leurs aïeules. Dans ces cas-là, on reconnaît toujours que l'enfant est dépaysé dans la société où il se trouve. Il n'a pas pour réussir les mêmes qualités pratiques que les autres. De façon générale, les hindous se réincarnent parmi les hindous, les français parmi les français. L'attraction appelle même les êtres dans les mêmes familles. Mais il y a un grand nombre d'exceptions. Comme si elles aspiraient à la variété des terres nouvelles, les âmes émigrent. Ces migrations ont des avant-coureurs et des retardataires. Les uns et les autres se trouvent isolés parmi des groupes inconnus.

Les renseignements que l'on peut obtenir de droite et de gauche, auprès de personnes particulièrement sensibles ont un caractère étrangement décevant. Je ne peux m'expliquer le rôle immense joué par Marie Stuart sur l'imagination des femmes. J'ai lu avec attention l'histoire de cette reine, que je connaissais mal et ma curiosité n'a pas été satisfaite. Un très grand nombre de femmes ont été Marie Stuart dans une vie passée et après elle Cléopâtre est celle qui réunit le plus de suffrages. Dès qu'il s'agit d'incarnations passées chacun et même parmi les plus raisonnables, choisit dans l'histoire les personnages célèbres, qu'il aurait désiré être. Ô extraordinaire prestige de la royauté pour des âmes enfantines ! Quelques-uns, les moins insensés, optent pour ceux qui se sont illustrés par la pensée plutôt que par la puissance. Les étudiants de la théosophie ont perdu beaucoup de temps à ces jeux puérils et leurs dirigeants leur ont donné l'exemple des incarnations royales. Quelques modestes se contentent d'avoir été les disciples des maîtres. La modestie mélangée à l'orgueil a permis récemment à une jeune femme de retrouver en elle la personnalité de Judas Iscariote et elle a fait sincèrement l'aveu des trente deniers reçus.

Le rêve, dans ce genre de recherches peut se mêler parfois à un peu de réalité. Mais il est presque toujours illusoire quand il repose sur le choix de la sympathie ou celui de l'admiration*. Cette illusion a été celle de

---

* M. Bozzano dans plusieurs de ses intéressants ouvrages a donné des exemples de réminiscences de vies anciennes et a apporté en même temps les preuves les plus probantes. Il y a aussi des cas indiscutables dans le livre de M. G. DELANNE, *Les preuves de la réincarnation.*

beaucoup de gens, ivres de la vanité de se souvenir et qui suppléent à la connaissance occulte par l'imagination,

Moyens de Discerner Sa Dernière Vie
Par le Contour de Son Ombre

On peut avoir une indication vague et générale sur le temps et le pays où s'est écoulée notre vie précédente, par une méthode qui m'est personnelle et que je livre parce que je crois sincèrement qu'elle correspond à une réalité. Elle est d'une application aisée, et chacun pourra tenter sans peine de la mettre en pratique.

J'avais toujours, été très frappé dans mon enfance par la grande différence qui existe entre notre ombre et la silhouette de nous-mêmes que nous apprenons à connaître en nous regardant dans une glace. L'enfance est la seule période de la vie où l'on a la faculté et l'audace de s'étonner. Beaucoup de ces étonnements et l'explication qu'on leur donne, étant enfant, mériteraient d'être recueillis et utilisés.

Il m'arrivait très souvent dans les premières années de ma vie de ne pas me reconnaître dans mon ombre et de me retourner pour voir si elle n'était pas produite par un autre personnage que moi. Je m'émerveillais de la bizarrerie de ce double obscur et je le trouvais si étranger à moi-même que je m'attendais à chaque instant à le voir se détacher et s'éloigner en vertu d'une volonté autonome.

Je ne me suis accoutumé qu'après beaucoup d'années à sa fantaisie changeante.

Beaucoup de gens ont reconnu que quelque chose de mystérieux, ayant un intime rapport avec notre vie et notre mort, était caché dans notre ombre. A. de Pouvour-ville a raconté un étrange mode d'envoûtement en usage en Indochine. Le sorcier qui veut la mort de quelqu'un doit le surprendre en plein soleil, un jour où son ombre s'étend derrière lui avec une particulière netteté. Alors, il le regarde bien en face et d'une lance qu'il a prise dans ce dessein, il transperce son ombre à la place du cœur. A partir de ce moment, il est en possession de sa vie. Quand le sorcier arrache la lance de la terre, l'homme meurt.

Dans un ouvrage Thibétain intitulé : « Le miroir qui montre la mort » est indiqué un procédé de connaître le temps approximatif de sa fin, au moyen de son ombre*.

Par un jour très clair, il faut se tenir debout, les jambes écartées, un bâton à la main et regarder attentivement son ombre. Quand l'attention est extrême, on distingue ou plutôt on doit distinguer dans l'ombre une lueur blanche qui s'estompe. Aussitôt il faut lever les yeux au ciel et l'on voit alors se découper dans l'azur, comme dans un miroir, le contour de sa silhouette. Si cette vision est très nette, c'est le signe qu'on a de nombreux jours à vivre. Si elle est voilée, c'est que la vie sera courte et qu'on ne jouit que d'une faible santé. Si le ciel ne réfléchit aucune image, c'est que la mort est prochaine.

J'ai fait l'expérience avec toute la sincérité et l'attention requises. Mon ombre est demeurée d'une couleur uniforme, sans mélange de blancheur. Sans doute ce que les Thibétains appellent attention exige une fixité dont mon esprit est incapable. J'ai renoncé à voir mon ombre dans l'azur du ciel, mais je ne juge pas, comme tant de gens, qu'une expérience est irréalisable parce que je n'arrive pas à la réaliser.

Je crois qu'il y a dans l'ombre, si absurde que cela paraisse *a priori*, une essence inanalysable de nous. Cette essence a un rapport avec notre passé. L'ombre garde fidèlement un certain dessin de ce passé. C'est en méditant sur les vies antérieures dans lesquelles j'ai vécu que je suis arrivé à saisir leur lien avec l'ombre que je traîne derrière moi aussi inéluctablement que mes âmes de jadis.

L'ombre nous ressemble quelquefois, mais elle ne nous ressemble pas toujours. Elle exprime un autre personnage, parfois beaucoup plus charmant et sympathique que celui que nous sommes, parfois un être grossier et caricatural que nous mépriserions si nous n'y retrouvions pas une certaine attache avec nous-même. L'ombre est d'autant plus ressemblante qu'il s'agit de gens simples qui n'ont subi aucun changement d'une vie à l'autre et dont les deux vies n'ont été séparées que par un délai très court. Un homme qui, par un excès brusque de développement aurait subi une profonde transformation d'une vie à l'autre, aurait

* (1) Mme David NEEL rapporte ce procédé dans *Initiations Lamaïques*.

certainement une ombre tout à fait méconnaissable. Ce cas est très rare, et, d'une façon générale, un homme ressemble à son ombre.

Pour découvrir quelques caractéristiques de sa vie précédente il faut faire usage de son intuition, sans lui permettre bien entendu de s'abandonner à l'invention et agir avec l'aide de ce point d'appui matériel issu de soi-même. Ce point d'appui qu'est l'ombre de sa silhouette, doit être utilisé par une nuit de lune très claire. La clarté de la lune, plus que celle du soleil, sans que j'aie pu discerner pourquoi, rend l'ombre révélatrice. Elle semble lui donner une faculté de devenir personnelle et d'exprimer l'ancien personnage évanoui. D'après ce qu'il m'a été donné de déduire, c'est seulement le personnage de la dernière vie que l'ombre révèle.

Je sais bien que l'on peut expliquer les variations de l'ombre par des lois de réflexion de la lumière. Mais ce qu'on ne peut expliquer c'est un mystère du contour, l'essence d'une autre créature qui, si elle marche avec vous, et imite vos gestes sans en oublier un, semble pourtant avoir une autre manière de sentir.

Cet étranger révélateur, ce double inlassable, tantôt se rapetisse, au point de devenir nain, tantôt s'allonge comme un géant. Parfois il a l'air d'être animé d'une méchanceté inconnue, parfois il est résigné, parfois il est triste, d'une tristesse qui dépasse notre tristesse quotidienne. Il ne se contente pas d'exprimer par un rapport inexplicable ce qu'on a été dans une vie précédente, il l'exprime avec la caractéristique générale du costume. L'ombre d'un homme nu a moins de langage que l'ombre d'un homme habillé. Le vêtement aide à la révélation de la personnalité passée, il fait transparaître les passions perdues, les exercices auxquels on s'est livré dans un corps qui n'existe plus.

Si l'intuition joue un rôle important dans cette recherche de la vie passée, il serait nécessaire d'avoir une connaissance approfondie des costumes et des coiffures portés par les peuples anciens. Beaucoup d'aspects resteront inexplicables pour ceux qui les étudieront à cause de leur ignorance de la manière dont on s'habillait dans le temps ou dans le pays où ils ont précédemment vécu. Car l'ombre a l'art de créer avec presque rien la marque distinctive d'une race et d'une époque. Mais encore faut-il pouvoir reconnaître cette marque distinctive quand elle est indiquée.

Au cours des études d'ombres auxquelles je me suis récemment adonné, j'ai vu des Grecs, j'ai vu des Arabes, j'ai vu des guerriers du moyen-âge. En considérant attentivement ma propre ombre — c'est toujours sur soi-même que les expériences sont les plus aisées — j'ai eu la satisfaction de n'y découvrir aucune caractéristique de royauté perdue. Ma canne, au lieu de prendre une allure de sceptre, s'allongea toujours en un bâton d'une évidente rusticité. Mon chapeau, au lieu de se transformer en mitre ou en couronne, devint un bonnet assez misérable. J'étais suivi par un berger languedocien, homme simple mais dont l'allure trahissait par un je ne sais quoi, une aspiration de spiritualité.

J'ai cru reconnaître, pendant ces recherches, que les membres de tout un groupe unis par des liens d'amitié avaient eu une dernière vie, passée au Cambodge. Leurs ombres étaient des ombres de Cambodgiens. Un certain amour de ce pays, une conception de l'existence tout à fait opposée à celle de l'occident et différents traits de leur vie, semblaient venir à l'appui de cette hypothèse. Mais c'est une hypothèse prodigieusement invérifiable.

L'ombre des animaux révèle aussi, dans certains cas, le souvenir d'une espèce qui n'est pas la leur, mais dans laquelle ils ont pu antérieurement avoir leur place animale. J'ai vu à un chien une ombre de renard, et à un autre une ombre de buffle. J'ai pensé qu'un effort vers l'intelligence avait pu déterminer chez ces chiens, jadis renard et jadis buffle, une transmigration dans une espèce plus développée où leur effort avait sa réalisation.

Du reste, il est donné à chacun de faire une étude plus approfondie de cette question et de devenir par de longue marches, avec des amis, au clair de lune, un maître de l'interprétation et de la science des ombres.

Le Monde Spirituel

Comme une branche vivace qui jaillit au printemps d'un arbre et donne rapidement des feuilles solides, ainsi a poussé en moi avec une mystérieuse verdeur, le désir de ne pas me réincarner dans la race de douleur qui croît et se multiplie sur la terre. J'envisage la réalisation de ce désir comme possible, quoiqu'elle ne soit pas certaine. Une volonté constante, une attentive application, ou la science de quelque habile procédé découvert par un sage inventeur, pourront m'amener au résultat que je souhaite.

Pour que je quitte mes frères les hommes, que l'amour des hommes emplisse mon âme et que la connaissance des choses l'illumine !

Tous les hommes ne se réincarnent pas. Ceux qui se sont bien jugés et qui, après la minute solennelle du jugement ne se sont infligé aucun châtiment, ceux qui, sur les ailes de leur joie, ont aisément franchi le pont qui sépare un monde de l'autre, atteignent « le monde du soleil » des hindous, le royaume de l'esprit, la droite du Père. Heureux ceux-là, et puissé-je être parmi eux comme mon espérance me le promet !

Tous ceux qui ont tenté de décrire l'état dans lequel on se trouve au sein du monde spirituel ont été d'accord pour reconnaître que c'était un état indescriptible par des mots et qu'il était presque impossible de s'en représenter les joies et surtout les activités. D'après Platon, les philosophes qui ont passé par des purifications, c'est-à-dire ceux qui, selon lui, sont au sommet de l'échelle des êtres, « habitent des demeures qui ne sont pas faciles à décrire ». Socrate, dans le Phédon, parle d'une « pure résidence », mais sur le point de la décrire, il dit : « qu'en l'occurrence présente, il n'a pas le temps voulu ».

C'est bien dommage ! D'autant plus qu'il dit cela après un discours dont la durée a la valeur d'un volume. Et il ajoute, — c'est avant de boire la ciguë qu'il parle — « qu'il vaut mieux pour lui aller prendre un bain, afin de ne pas donner aux femmes le désagrément de laver un cadavre ».

Comme il aurait mieux valu que les femmes, dont c'était le métier, aient ce désagrément ! Nous aurions, d'après ce sage, la description du monde où il allait directement se rendre en quittant la réunion de ses disciples. Mais peut-être s'est-il heurté à la difficulté qu'ont rencontrée tous les sages et tous les voyants, quand ils ont voulu parler de la vie spirituelle. Le Dante, après s'être abondamment complu dans la description des supplices de l'enfer, montre une étrange pauvreté de connaissance au moment de donner des vues sur le Paradis.

Les Egyptiens parlent de chants, de causeries et de jeux. Le Véda promet la joie et la satisfaction des désirs. Dans le Swarga, la subdivision la plus élevée de ses séjours célestes, sous la présidence d'Indra, on entend les Gandhavas, merveilleux musiciens, et l'on voit danser les Apsaras, idéales danseuses au corps de lumière. Les Bouddhistes chinois imaginent des pluies de fleurs, des pavillons sur le bord des rivières et des vols d'aras aux belles ailes. Dans les Iles fortunées d'Hésiode, on cueille des fruits et on ne travaille pas. Dans les Champs-Elysées de Pindare, les exercices du Gymnase jouent un grand rôle, dans ceux de Virgile on joue de la lyre et l'on s'aime sous des ombrages délicieux. Le Koran promet de jeunes esclaves et des houris « à la peau blanche comme un œuf d'autruche » ; Jésus un séjour de bonheur où l'on jouira surtout de la compagnie des patriarches et des prophètes.

Tous ces paradis ont pour base la réalisation des désirs humains, les seuls qui, selon la logique la plus élémentaire, n'y peuvent être réalisés. Ils correspondent à une appétence de jouissance qui satisfait surtout l'instinct de paresse et un vague amour de la musique et des parfums. Mais si ces jouissances ne sont pas réalisées dans une réalité semblable à la nôtre, elles le sont pourtant dans une certaine mesure et les promesses des Paradis ne sont pas trompeuses. L'homme purifié par le bon jugement qu'il a porté sur lui-même, se trouve dans un univers où la pensée est créatrice. Il crée ce qu'il imagine. Il vit avec ses rêves devenus réels pour lui. Il habite les pavillons au bord des rivières, il voit danser les Apsaras et il jouit de la beauté de leur danse. Il se livre aux exercices du Gymnase, il marche sous les ombrages délicieux, il s'entretient longuement avec les patriarches et les prophètes.

Mais si longs et si agréables que soient les rêves, ils se terminent. Il nous arrive dans la vie d'imaginer avec tous ses détails un événement désirable. Nous recommençons très souvent, nous complaisant à son agrément fictif. Mais nous ne recommençons pas éternellement. Il arrive un moment où notre force créatrice s'épuise et où le plaisir que nous en tirons est tari. Dans le monde spirituel, comme la création est infiniment plus réelle, la jouissance est infiniment plus grande. Il vient un moment où elle cesse. Comme dans la vie physique on est face à face avec la réalité ambiante. Alors finit la première partie de la vie de l'homme dans le monde spirituel. Tous les hommes ne vivent pas cette première partie de rêve. Il y en a qui sont sans imagination ; d'autres qui se refusent volontairement à imaginer, n'ayant pas le goût des sons de lyre et des pluies de fleurs, ni même celui des causeries avec des personnages éminents. Leur conscience est éveillée et ils s'élancent en avant, sans respect et remplis de curiosité.

Le voyant Swedenborg assure que lorsqu'on pénètre dans le monde spirituel, on y est accueilli par des anges et l'on distingue, selon une hiérarchie, toutes sortes de sociétés angéliques. Ce monde, qui est pour lui le séjour céleste du Dieu catholique est la reproduction, en plus subtil, de notre univers, ou plutôt notre univers n'en est que la déformation. Le soleil physique est comme une nébuleuse obscure et la lune semble un spectre de lune.

Pour Swedenborg, Dieu est identifié avec le soleil spirituel, le double du soleil que nous voyons et il a le pouvoir de prendre des aspects particuliers.

Les êtres ont une notion tout à fait différente de l'espace et du temps et leur joie, sans être précise est fréquemment qualifiée d'ineffable. Swedenborg s'est laissé aller, comme tous les voyants, à une exagération de voyance. Il a conversé avec des anges, avec des démons et à plusieurs reprises, « le Seigneur lui est apparu dans une forme angélique ».

L'exagération de voyance se retrouve chez tous ceux qui ont prétendu pénétrer dans le monde spirituel. Mais on peut, peut-être, discerner la part de vérité par la part commune et vraisemblable qu'on retrouve dans ces explorations invérifiables. Les Bouddhistes et, issus d'eux, les théosophes, parlent de communautés, de réunions d'êtres, groupés entre eux pour des échanges d'amour. M. Leadbeater, ainsi que beaucoup de spirites, assignent à ces communautés des occupations humaines, trop humaines. M. Caslant a résumé les descriptions du monde spirituel faites par un très grand nombre de clairvoyants et son étude est, de toutes, la plus rigoureuse et la plus probante. On est frappé par la concordance des témoignages. Ces témoignages donnent la sensation d'un milieu de vibrations plus intenses, d'une ambiance déconcertante pour nous et l'on y distingue fréquemment une peinture qui doit être vraie. Il y a trop de lumières éblouissantes, d'odeurs suaves, de sons harmonieux. Comme dans toutes les images du ciel, on sent que si on pénétrait dans ce ciel-là, on serait saisi d'un écœurement divin, mais profond. Les voyantes doivent toutes connaître la religion spirite et elles ajoutent sa morale rigoriste aux tableaux qu'elles ont entrevus. On a le sentiment qu'elles n'ont pu s'empêcher d'ajouter des couronnes de distribution de prix et des auréoles en clinquant aux vierges pieuses et aux soldats morts pour la patrie.

— « Nous ne sommes, est-il dit dans une communication, par un être qui a atteint le monde spirituel, qu'une lumière ovoïde, plus ou moins colorée. Je reconnais les formes que je vois autour de moi, à leur luminosité, à leur contour et au souvenir évoqué par elles. »

M. Caslant dit avec raison : « Les âmes n'ont pas de forme propre. Les entités prennent les aspects successifs suivants à mesure qu'elles atteignent des régions de plus en plus élevées. Fantôme ou vapeur nuageuse, lumière brillante ou tête claire avec une traînée lumineuse en aspect de comète, flamme en fer de lance, ovoïde radiant, gemmes, points lumière*. »

Celui qui, en vertu d'un don rarissime, a la possibilité de pénétrer dans le monde spirituel, doit avant toute chose, se dépouiller de toute croyance et de toute idée préconçue. Il entre dans un monde où la pensée est créatrice. S'il y cherche la confirmation de la religion catholique, comme Swedenborg, il l'y trouve, sans que cela ne soit en rien probant. Il voit des villes, des maisons, des églises où chantent des moines, des

---

* Cahiers contemporains, *La vie après la mort*. Réponse de M. E. CASLANT.

bibliothèques où sont assis des hommes studieux et il en conclut que le monde spirituel est une exacte reproduction du monde terrestre, dans une matière plus subtile. Il a vu en réalité les créations imaginaires des morts. C'est la vie de ces rêves qui a permis aux spirites tant d'affirmations enfantines et notamment cet agréable tableau de l'au-delà où celui qui meurt se voit entouré de tous ses parents et amis défunts souriant et les mains tendues, dans un paysage semblable à celui où il a vécu, sous une douce lumière de convention.

Le monde spirituel est une sorte de contraire du monde physique. Il est régi par les mêmes lois, mais sous leur aspect opposé. Quand on a, par sa nature, la possibilité d'y vibrer à l'unisson, on a perdu toute possibilité de communiquer avec le monde physique. Les morts qui ont atteint ce monde, c'est-à-dire ceux qui étaient les plus élevés parmi les vivants, ne peuvent redescendre, comme tant de gens le croient, frapper dans des tables, s'incorporer dans la force psychique des médiums.

La loi la plus déroutante pour nous, est la rapidité du changement. La matière immobilise. La condensation du monde physique ne permet qu'un changement très lent. Dans le monde spirituel, il est rapide. Mais tandis que cette rapidité nous afflige sur la terre parce qu'elle prend la forme de la décrépitude, elle est une cause de volupté dans le monde spirituel. La volupté vient du développement. Les échanges de pensée et d'affection se font naturellement avec d'autres êtres par le jeu de la vie ambiante, par la formation de ces communautés qu'ont entrevues tous les scrutateurs de la vie de l'esprit.

Ces communautés sont dans une perpétuelle activité. Mais c'est une activité différente de la nôtre, une activité extatique. Elle ne se manifeste pas par des mouvements. Elle est analogue à l'activité de l'homme sur la terre qui éprouve une joie de croissance par la lecture d'un livre. Dans ces communautés, ceux qui se sont aimés sur la terre et qui se sont retrouvés, connaissent par l'intime mélange de leur substance spirituelle une volupté dont l'ancien spasme du corps n'était qu'un misérable avant-goût. Ils s'unissent complètement par la communion de leurs fluides, ainsi qu'ils en ont eu le pressentiment jadis, mais leurs formes physiques ne constituent plus de barrière entre eux. Selon leur développement, selon leur faculté d'expansion, ils se mêlent aux créatures de leur communauté qui ont le plus d'affinités avec eux. Ils voient tomber la séparation causée par la jalousie. Leur jouissance est d'autant plus grande qu'ils se confondent avec des créatures plus nombreuses. Leur intelligence s'agrandit par l'apport des expériences d'autrui qui deviennent par cette communion leur propre expérience. Et cet agrandissement croît sans cesse.

Les êtres inférieurs, limités par la coque de leur égoïsme, ne se transforment presque pas par le passage de la mort. Ils reviennent vers la terre, à peu près semblables 5 eux-mêmes. Ceux qui connaissent la volupté du changement, reçoivent dans la vie spirituelle une accélération de vitesse qu'ils communiquent à ceux qu'ils aiment et qu'ils entraînent, presque malgré eux, par le vertige de leur amour.

Toutes les courses finissent. Tous les élans meurent, en proportion de la force générée au départ. Celui qui a pénétré dans la vie spirituelle avec l'amour immodéré de lui-même éprouve, à un moment donné, la perception qu'il va se perdre dans l'unité collective de sa phalange. Alors sa force d'expansion s'arrête. Son égoïsme reprend le dessus. Il ne pourrait plus continuer à aimer sans cesser de rester lui-même. A côté de lui, il y aura des organismes plus vigoureux qui ne perdront pas leur nature propre, par le jeu continuel de l'effusion. L'être est repris par la conscience de son égoïsme et avec cette conscience réapparaît le désir de la matière qui en est la confirmation. Devant le danger de la dispersion, il va aspirer à s'incarner.

Et ceci est le grand tournant redoutable ou sublime.

Nécessité de Devenir Dieu par Métamorphose

Le Bouddha admettait qu'il y avait six voies dans lesquelles on était porté par la naissance et quatre manières dont s'accomplissait cette naissance.

« Les six voies sont les conditions de Déva, d'Asura, d'Homme, de Prêta, d'animal, d'habitant des enfers*. Les quatre manières dont s'accomplit la naissance sont : L'humidité, un œuf, une matrice, une métamorphose† ».

Ainsi il viendra une minute solennelle où je devrai naître. La porte de la naissance est aussi inexorable que la porte de la mort. Mais aurai-je le choix entre les naissances ? Parmi les conditions qu'énumère le Bouddha quelle est celle que j'aurai le droit et le pouvoir de choisir ? Je sais que grâce à mon absence de remords je ne serai pas un habitant des enfers. Je n'ai pas assez de grossiers désirs pour être attiré par une forme animale. J'ai assez développé mon intelligence pour ne pas devenir ce misérable fantôme qu'est le Prêta.

Sans doute, tout ce que j'ai rassemblé avec orgueil de pensées, d'admirations, d'espérances pour en faire une personnalité particulière se réunira en un faisceau qu'animera le goût de la vie. La lumière de mon désir me fera connaître qu'il me faut un corps d'homme pour me satisfaire. Je ne m'incarnerai pas par l'humidité comme les vers, je ne m'incarnerai pas par l'œuf comme certains animaux, je découvrirai avec habileté la matrice humaine.

Cette matrice de la femme est la commune porte de mon espèce. Mais dans quelle mesure puis-je espérer trouver une naissance meilleure ? Qui sait si la ferme volonté avec laquelle je modèle mon âme ne m'écartera

---

* Le Déva est un être plus élevé que l'homme dans la hiérarchie des êtres. L'Asura est un être plus élevé que l'homme mais qui se sert de son élévation pour développer son égoïsme. Le Prêta est une sorte de fantôme végétatif inférieur à ranimai. L'état de Prêta s'atteint par le refus de développer son intelligence.

† Burnouf, *Histoire du Bouddhisme indien*.

pas de l'incarnation inférieure de la terre et ne me permettra pas de me transformer par une métamorphose ?

Car c'est par la métamorphose que l'homme devient un Déva. Ces Dévas sont aussi appelés des Dieux. Ils constituent le degré qui, dans l'échelle des êtres, est placé immédiatement au-dessus de l'homme. Si restreinte que soit notre perception, nous avons la notion d'une partie de cette échelle. Nous voyons au-dessous de nous le minéral, le végétal et l'animal. Nous n'occupons pas le sommet de l'échelle. Ce qui incite les esprits peu réfléchis à le croire, c'est que les degrés supérieurs sont matériellement invisibles et échappent à notre connaissance.

Malgré l'étroitesse du champ d'expérience on peut remarquer que la séparation entre les règnes va croissant à mesure qu'on s'élève. La pierre et le végétal sont étroitement liés. Le végétal et l'animal ont des espèces intermédiaires qui participent des deux règnes mais ils sont plus différenciés. De l'animal à l'homme, l'anneau de la chaîne est plus lâche. La séparation est plus grande encore à partir de l'homme au point que le degré supérieur est invisible pour lui.

Ceci est un des mystères de la nature. Elle a multiplié les difficultés à mesure qu'on a plus de capacités pour les vaincre. Les Dieux sont invisibles et pourtant il faut croire à leur existence. Cette foi est nécessaire pour devenir l'un d'eux par l'opération mystérieuse de la métamorphose. L'exemple de la chenille et du papillon nous donne un modèle modeste de ce changement. Ainsi la nature jette de-ci, de-là, des points de repère pour nous faire comprendre ses directions. C'est à nous de découvrir les signes qu'elle a, en se jouant, laissés sur le chemin pour nous guider.

Comment cette métamorphose s'accomplit-elle dans les ténèbres incommensurables de l'au-delà ? L'insecte est larve, puis nymphe et c'est dans le sommeil que ses cellules embryonnaires se liquéfient et deviennent une nouvelle création quasi-miraculeuse, un être dissemblable du premier, avec des ailes pour voler. La science zoologique n'explique pas l'essence intime de la transformation. L'homme est d'ailleurs plus complexe que l'insecte. Si les lois sont les mêmes du haut en bas de l'échelle, la métamorphose doit s'accomplir avec une grande simplicité. L'alchimie secrète qui est à sa base est une alchimie d'amour. La transmutation doit s'opérer par la vertu de l'appel intérieur.

Les Hindous ont pensé qu'il fallait des milliers d'incarnations terrestres, des prodiges d'ascétisme, une perfection surhumaine pour arriver à l'état de Dieu. Beaucoup de philosophes grecs ont estimé que la pratique des vertus, la sagesse quotidienne se conciliant avec une participation modérée aux plaisirs de la vie, étaient suffisantes pour permettre à l'homme d'atteindre le degré supérieur à l'état humain. Des Hindous ou des Grecs, lesquels ont raison ?

Si ce sont les ascétiques Bouddhistes, il me faudra encore revenir souvent sur la terre, bégayer dans des enfances, supporter la laideur humaine, la mienne et celle des autres, assister au massacre des animaux, voir triompher l'impitoyable médiocrité. A cette idée, je suis saisi d'un immense découragement.

Mais si ce sont les sages grecs qui ont atteint la vérité de plus près, n'est-ce pas une audace extraordinaire que de se ranger parmi les meilleurs des hommes, l'élite des sages et des vertueux ? Sans aucune exagération ostentatoire, je peux dire que je n'ai pas pratiqué la vertu, à la manière de ces anciens philosophes, que j'ai été égoïste, que j'ai été désireux de plaisirs, toutes choses qui semblent logiquement devoir me ramener sur la terre. J'ai fait avec mes désirs une création dont il faudra réaliser les effets.

Un désir est tué par un autre plus puissant. Nous sommes dans une prodigieuse ignorance de la qualité des Dieux. La seule certitude que nous ayons à leur sujet est que la force émise pour les atteindre nous rapproche d'eux. Les lois de la nature sont pleines de mystère. Elles font parfois sans raison des dons extraordinaires. Vis-à-vis d'elles, la modestie, qualité purement humaine, n'existe à aucun degré. Il faut avoir une prétention divine, aspirer à la métamorphose qui nous fera Dieu. Une modestie exagérée pourrait nous ramener à l'animal. Demandons beaucoup pour qu'il nous soit donné beaucoup.

Et puis les lois sont des aveugles qui peuvent être, sinon vaincues, du moins détournées habilement. On voit des torrents qui renversent des arbres, roulent des rochers avec une fureur inexorable. La ruse des hommes, se manifestant par des travaux patients, parvient à capter leur force.

Les lois ne choisissent pas entre les mérites. Comme les torrents, elles se précipitent dans l'endroit qu'on a creusé pour elles.

Mais une sagesse intérieure ; m'avertit qu'il ne peut y avoir métamorphose sans la précipitation d'un germe spirituel. Il faut que j'arrive dans ma vie d'homme à m'assimiler quelque parcelle de la nature des Dieux. Je dois leur dérober une pensée, une pensée avec ses ailes et sa flamme multicolore pour la modeler en moi, en faire un double avec des ailes et une flamme multicolore.

Et quand cette pensée sera mienne, assimilée à la substance de mon âme, peut-être serai-je emporté, comme Persée sur Bellerophon, comme Sigurd sur le cygne, vers le monde dés pensées divines.

Mais la tâche n'est pas aisée. Il faut connaître l'inconnaissable nature des Dieux. Où pourrai-je l'apprendre ? Comment pourrai-je saisir une pensée divine ? Faut-il se tourner vers les étoiles ou scruter l'essence de la matière ? Faut-il devenir physicien, analyser les électrons avec les appareils les plus compliqués ou s'asseoir simplement sur un balcon, par une nuit d'été et considérer l'espace avec un cœur tranquille ? Comment découvrir l'essence intime des Dieux pour participer à leur vie ?

Dévas, Anges et Daïmons

Ce n'est que depuis l'avènement de la nouvelle idole, la science, que les hommes ont cessé d'admettre l'existence d'intelligences spirituelles plus élevées que les intelligences humaines. L'orgueil humain en se développant s'est refusé à concevoir que l'homme n'était pas au sommet de la hiérarchie des créatures dans l'univers. Cette erreur est devenue un dogme absolu, même pour les occultismes et les théosophies. Les mondes visibles sont créés, d'après eux, pour la perfection de l'homme. L'homme n'a pas d'autre avenir que de devenir parfait sous le nom d'adepte. Le but n'est pas d'échapper à l'humanité mais d'en atteindre l'illusoire sommet.

Pourtant toutes les antiques religions et tous les antiques sages avaient mis l'homme à sa place. On savait qu'il existait immédiatement au-dessus de lui une hiérarchie et que l'idéal était de l'atteindre. C'était les Dévas chez les Hindous, les Feristhas chez les Zoroastriens, les Daïmons et les Dieux chez les Grecs, les Anges et les Archanges chez les Juifs, chez les Chrétiens, et chez les Musulmans.

Ces noms ne désignent cependant pas les mêmes êtres, d'une manière absolue.

Les Dévas, dans un certain sens donné à ce mot, sont les âmes des éléments. Il y a un Déva du feu, un autre de l'eau, et ainsi pour chaque élément. Déva veut dire aussi l'état dans lequel on se trouve après avoir dépassé l'état humain.

Les Chrétiens pensent que tous les hommes qui ont fait leur salut deviennent des Anges après la mort. Ces Anges prennent un homme sous leur garde, suivent toutes ses actions et même ses pensées et le protègent dans la mesure où l'homme se laisse protéger. Ce sont les Anges gardiens. J'ai souvent pensé à l'état misérable dans lequel seraient ces créatures supérieures si une tâche si ingrate leur était confiée. Etre témoin de la vie d'un homme, de ses préoccupations médiocres et de ses bassesses et n'avoir qu'un aussi faible pouvoir de contrôle! L'enfer tel qu'il est décrit serait presque préférable. Mais peut-être l'état angélique développe-t-il des qualités de charité qui donnent la patience et font accomplir dans la joie cette mélancolique surveillance. Que l'ordre des choses, à travers les futurs incommensurables, ne m'accorde jamais la charité nécessaire pour devenir un Ange gardien!

D'ailleurs, si chaque homme était suivi et conseillé à toute heure par un Ange spécial, il finirait par perdre toute liberté, l'Ange lui étant infiniment supérieur et devant à la longue lui insuffler sa volonté. Une communication familière s'établirait. La fonction de l'Ange étant d'aider, il ne demanderait pas mieux que d'accourir et de conseiller quand il y aurait appel. Or, cette communication ne se produit que dans des cas très rares.

Les Grecs ont été les plus près de la vérité. Ils savaient que les hommes pouvaient parvenir après la mort, par la perfection de leur vie, à un état supérieur. Ils les appelaient alors, génies ou héros glorifiés. Le mot *Daïmon* avait pour eux un sens plus étendu. Il désignait d'une façon générale, un esprit invisible, un pouvoir manifesté seulement par la pensée, d'ordre humain ou non.

Le Daïmon le plus connu est celui de Socrate. Il se manifestait à ce sage sous la forme d'une voix intérieure ou par des signes visibles pour ses yeux. Socrate en a souvent parlé à ses disciples et il conformait ses actions aux indications du Daïmon. Ce Daïmon était un être particulier qui avait ses préférences et ses antipathies puisqu'il donnait à Socrate des conseils en faveur de certains de ses amis et restait obstinément muet quand il s'agissait d'autres amis qui ne lui plaisaient pas. Il voit une conception à lui de la vie des hommes et jugeait la politique méprisable, tout au moins pour un philosophe, puisqu'il en détourna Socrate et l'orienta vers l'étude de la sagesse.

Beaucoup de philosophes qui ont étudié ce Daïmon ont conclu que ce n'était pas un être extérieur à Socrate. D'après eux, la voix où les signes auraient été produits par la pensée intérieure et omnisciente de Socrate, ce qu'on appelle maintenant l'inconscient, cet inconscient avec lequel on explique tout, pour éviter la peine de chercher et de croire plus loin.

Ils se sont trompés. La preuve en est dans la façon très spéciale dont il donnait ses avis. Il ne disait jamais de faire une chose plutôt qu'une autre. Il exhortait à ne pas faire une action qu'il jugeait mauvaise. Il se conformait ainsi à une loi universelle de l'intelligence qui oblige l'intelligent à respecter la liberté d'autrui, à ne pas entrer dans la chaîne des causes et des effets qui lui sont propres.

Ce Daïmon n'avait bien entendu qu'une puissance limitée. A plusieurs reprises, il avait donné des avis qui contribuèrent à protéger la vie de Socrate. Il ne lui en donna pas, semble-t-il, pour le protéger du tribunal athénien qui le condamna. Peut-être ne prévit-il pas ce qui allait arriver. Les hommes sont toujours tentés de croire qu'une puissance venue du monde invisible est forcément illimitée. Il n'en est rien. Plus les êtres sont spirituellement élevés et plus il leur est difficile d'entrer dans le domaine matériel pour en modifier les faits. Les pensées humaines leur sont devenues étrangères et représentent pour eux un élément grossier où ils ne pénètrent pas sans oppression. Aux hommes élevés correspondent des Daïmons élevés. Celui de Socrate devait être un de ceux-là et comme tel, il n'aurait ni pu, ni su influencer l'accusateur Mélitus. Ce genre d'interventions doit, d'ailleurs, être prodigieusement exceptionnel. Puis la mort de Socrate constituait peut-être pour le Daïmon un moyen de retrouver un ami dans une forme semblable à la sienne. Socrate pensait lui-même que la mort était un événement heureux, une délivrance, quand elle arrivait à la minute favorable et harmonieuse fixée par le destin.

Platon, comme son maître Socrate, estimait que les Daïmons étaient des génies conscients, intermédiaires entre l'homme et les essences supérieures dont la pensée animait l'univers. Au-dessous de l'âme divine, étaient des divinités secondaires, les unes incarnées dans les astres, les autres dans les forces cosmiques, telles que les éléments.

Les Daïmons formaient une hiérarchie au-dessous de ces puissances et les âmes humaines occupaient un degré plus bas. Toutes ces créatures changeaient de nature, tendaient vers l'universel, ou descendaient vers le particulier. La sagesse de l'antiquité et ensuite le christianisme, avec ses légions célestes et ses superpositions de séraphins, n'ont fait que se conformer à la croyance du divin Platon.

Beaucoup de sages et beaucoup d'insensés ont été visités par des Daïmons qui leur ont donné des conseils, presque toujours dans leur intérêt et qui, parfois, étaient de mauvais conseils selon la raison humaine. Les Génies les plus connus furent ceux de Paracelse et du médecin et astrologue Cardan. Beaucoup de saints catholiques ont été visités par des êtres supérieurs qu'ils nommaient des Anges. Il n'est pas surprenant que ce soit surtout des hommes menant une vie ascétique qui aient la visite de ces Génies. Une telle présence provient d'ordinaire d'une relation dans une vie antérieure avec un être qui a dépassé le stade humain. Il est le signe de l'entraide d'un ancien compagnon qui, dans la mesure limitée où cela lui est possible, donne des indications à celui qui est resté dans les ombres terrestres. On ne pourra jamais attendre de lui un conseil relatif à un avantage matériel. Car l'avantage matériel est un lien qui vous lie à la vie et n'est pas un avantage pour celui qui a la vue spirituelle.

Mais il n'y aura jamais de communication sans confiance. La confiance est une force. Elle favorise l'illusion, mais elle produit aussi une vivante réalité. Il faut avoir une confiance absolue dans l'existence des Dieux pour entrer en communication avec eux. Sur le plan des Dieux, la confiance est un élément matériel, visible qui a sa couleur propre et sa résonance, c'est par le canal de cet élément qu'un rapport peut s'établir. La confiance n'est du reste pas suffisante. Maints sots qui ont eu confiance ont toujours eu sur leur tête des cieux vides et muets. Mais de même qu'il faut de l'eau pour naviguer, du feu pour chauffer des aliments, il faut avoir la certitude que les Dieux existent pour en acquérir la preuve, par des rapports fugitifs.

Celui qui ne croit pas, ne connaîtra que des hommes de son vivant. Il ne connaîtra aussi que des hommes quand il aura passé le seuil de la mort, soit qu'il soit plongé dans les ténèbres, soit que l'éveil de sa conscience lui donne le bénéfice de quelque lumière. Le monde de l'au-delà est encore un monde humain, il ne confère aucune connaissance spéciale, aucune vision du passé ou de l'avenir. L'homme médiocre y reste médiocre. L'intelligent n'y a que l'intelligence qu'il a amassée. Les êtres supraterrestres évoluent dans d'autres sphères. Pour que l'homme entre en rapport avec eux, que ce soit pendant la vie ou après la mort, la formule d'appel qui permet de les joindre doit renfermer dans ses syllabes la certitude qu'ils existent et la foi qu'on peut les atteindre.

Méthode pour Communiquer avec les Dieux

Il est possible de converser avec les Dieux ou plutôt d'en recevoir des inspirations après les avoir appelés. Les Dieux, ne possèdent pas un corps semblable au nôtre et c'est pourquoi la communication entre eux et nous est si difficile. Ils s'expriment en matérialisant une voix, ce qui doit être une tâche malaisée, puisqu'il n'y a pas d'exemple de longs discours prononcés par eux. Ils s'efforcent de faire comprendre leurs pensées soit par quelques monosyllabes, soit par un signe géométrique, soit plutôt par une image. Le vague portrait de quelqu'un ayant existé doit être le moyen le plus commode de s'exprimer car c'est celui qu'ils emploient le plus souvent.

Le monde invisible est autour de nous, palpitant d'une vie prodigieuse, quoique différente de la nôtre et si nous n'en percevons rien, c'est que nous n'écoutons pas, que nous ne regardons pas assez attentivement avec nos sens intérieurs. Si nous nous tenions davantage prêts à entendre et à voir, peut-être aurions-nous la révélation d'une foule de choses cachées, infiniment passionnantes. Nous serions déçus au sujet de l'avenir. Car si puissants que soient Dévas ou Daïmons, ils ne peuvent connaître avec certitude que la part d'avenir dont les causes sont engendrées et qu'aucune liberté humaine ne viendra entraver. Et si leur prévision est l'annonce d'un danger, cette prévision ne se réalisera que si on n'a pas confiance en eux, car si l'on a confiance, on fera le nécessaire pour éviter le danger et alors la prévision sera fausse.

On ne peut communiquer avec les Dieux qu'en s'élevant vers eux et dans la mesure plus ou moins passagère où on les atteint. La possibilité de les atteindre a quelquefois la durée d'un éclair. Les émotions artistiques, quand elles ne se perdent pas dans la sensualité nous font entrevoir de brèves lumières d'ordre divin. Comment analyser ce monde où tout est ordre et beauté et où les plus hautes qualités humaines ne se traduisent pas par des expressions de visage ou des lignes de corps ?

Qu'entrevoit-on dans ces passages fugitifs où l'on a été lancé par le jet d'une harmonie, la fusée rapide d'une pensée ? Est-on en présence de paysages radieux, d'architectures de temples plus parfaites que celles qu'ont créées les géométries des hommes ? La satisfaction idéale qu'on éprouve vient-elle d'un pouvoir de création plus vaste, de la projection de soi-même, ou du ruissellement subit d'un univers plus subtil dont la beauté est soumise à des lois plus complexes et dont la découverte vous jette dans le ravissement ? C'est là le monde des Dieux. Ceux qui y vivent d'une façon constante doivent souffrir d'en sortir, même pour peu de temps et de supporter la douleur d'une intégration dans la forme, si passagère soit-elle.

Pour communiquer avec les Dieux, il faut d'abord se mettre en harmonie avec leurs pensées. Or, les courants (de leurs pensées sont presque toujours à rebours des nôtres. Nos corps qui nous sont si précieux et à la laideur desquels nous sommes habitués, leur paraissent caricaturaux et d'un poids odieux. Ils considèrent comme un bien la destruction de ces formes dans lesquelles les âmes sont captives et ils souhaitent pour ceux qu'ils aiment une rapide mort libératrice. Nos prières pour le prolongement de notre vie sont écoutées comme des manifestations de notre stupidité. Ils n'ont du reste pas plus le pouvoir de nous faire vivre que de nous faire mourir mais leur amour leur fait souhaiter notre mort.

Les Dieux ne perçoivent guère les actions et ils ne leur accordent d'importance que dans la mesure où elles sont le symbole des pensées. Tous les mouvements de la matière sont confus pour eux, tandis que les moindres pensées sont lumineuses. Les crimes n'existent que dans l'intention, puisque le résultat est presque toujours favorable, surtout si le crime est exercé contre quelqu'un de très développé qui n'est pas appelé à se réincarner. Dans ce cas-là, ils perçoivent une mauvaise intention qui a un heureux résultat.

Ils conçoivent aussi différemment ce que nous appelons les bonnes œuvres. Les bonnes œuvres, accomplies avec un sincère amour de la vie lient l'homme qui les fait à celui qui les reçoit et augmente l'amour de la vie de l'un et de l'autre. Ils s'enchaînent par là tous deux à la vie terrestre. Dans ce sens les bonnes œuvres ont un mauvais résultat. Ils en sentent l'intention pure, mais s'affligent du retard qu'elles causent. Tout est relatif, naturellement, à chaque individu et à son développement. Mais tandis que chez les hommes, même pour les plus intelligents, on juge d'après les différences de fortune, les titres acquis, l'éducation, la manière de manger et de s'habiller, chez les Dieux ces différences ne sont plus perceptibles et les hommes sont connus en tant que lueurs plus ou moins brillantes, selon les différences d'intelligence ou de capacité d'amour.

C'est à cause d'aussi grandes divergences dans la compréhension du monde et celle des âmes, qu'il nous est difficile de communiquer avec les Dieux. Nous ne sommes pas à l'unisson de leurs pensées. Ils éprouvent, pour se faire comprendre de nous, la même difficulté que nous aurions si nous voulions nous entretenir avec un poisson. Notre incapacité à créer une pensée dans le monde subjectif nous fait considérer par eux, comme aussi muets et bornés que l'être aquatique avec son silence et ses yeux morts. Mais de même que nous arrivons à certaines conversations avec les animaux supérieurs comme le chien, de même les Dieux arrivent à communiquer partiellement avec les hommes les plus élevés.

Celui qui veut gagner le bienfait de leur amitié doit les appeler. L'appel formulé au hasard n'est pas entendu. Il faut savoir à qui l'on s'adresse. Il faut tenir compte que les Dieux ne cheminent pas solitaires dans leur espace relatif. Ils forment des groupes. Plus ils sont avancés en perfection et plus ils sont nombreux dans leurs groupes. Nous ne réalisons pas [sur la terre des groupes analogues de plus de deux. Je parle de groupes où l'on est intimement unis. Un lien de plaisir physique, récent ou ancien, est nécessaire pour cimenter ces groupes minuscules et souvent ils se rompent quand le plaisir physique cesse. Nous avons même de la peine à concevoir une union profonde avec beaucoup d'individus. Chez les êtres qui ont dépassé l'état humain et qui sont en marche vers l'unité, l'union est la loi et ils tirent une volupté merveilleuse de leur amour réciproque.

Or, par notre constitution physique et surtout par nos aptitudes morales nous avons des affinités avec certains groupes. C'est de ceux-là dont nous pourrions recevoir des secours. Mais comment les connaître et comment les appeler ? Mme Annie Besant dans une intéressante étude sur les Dévas dit : « Chaque homme est en corrélation avec une manifestation déterminée de Dieu. Il est difficile pour un homme de discerner à quel Dieu il est relié. » Et au moment où le lecteur pense qu'il va être révélé un moyen pour ce discernement si important, elle ajoute : « Je n'ai pas le loisir de m'étendre sur ce point »*. Je ne sais si, à d'autres moments, elle a trouvé ce loisir, mais je n'ai pas découvert dans ses œuvres la précieuse méthode permettant à l'homme de discerner le Dieu qui lui est propre. Il faut noter avec mélancolie que les plus grands esprits se dérobent au moment où leur parole va être révélatrice, soit parce qu'ils ont en effet des préoccupations plus urgentes, soit parce que les secrets qu'ils vont dire ne peuvent être divulgués à la foule misérable des lecteurs, soit plutôt parce qu'ils en ignorent la solution.

H est vain de chercher le nom des Dieux pour les invoquer. Les Dieux n'ont pas de nom. Le nom disparaît avec la forme au moment de la mort. Il est significatif que les noms sont toujours oubliés dans les communications spirites. Cet oubli peut même être une caractéristique de la vérité de ces communications. Le nom est le symbole de la personnalité dans ce qu'elle a de séparé. Plus l'esprit s'élève, plus la séparation s'abolit et plus le nom perd son sens. Un Dieu qui aurait un nom ne serait pas un vrai Dieu et vouloir lui donner un nom qui lui serait propre serait un signe d'incompréhension.

Les groupements divins doivent être formés par l'attraction d'une qualité semblable. Il doit y avoir des groupes qui ont pour raison d'être la musique, ou plutôt la puissance de se perfectionner par la musique. D'autres groupes se constituent par l'ivresse commune de la philosophie ou par celle des mathématiques. Dans le dernier cas, par exemple, la meilleure modalité de l'appel est de fixer sa pensée sur la forme géométrique la plus élevée qu'on connaisse et au besoin de la dessiner. L'union des êtres est le principe général, mais comme il est commun à tous, un appel fait à la qualité d'amour se dispersera et ne sera pas efficace.

La voix a une puissance de résonance qui, lorsqu'elle est accompagnée par la pensée se communique au plan de l'esprit. Celui qui veut entrer en communication avec les intelligences supérieures doit formuler ora-

---

* Annie Besant, *L'évolution de la vie et de la forme.*

lement de brèves paroles d'appel qu'il composera lui-même et où sera nommée la qualité essentielle du groupe auquel il s'adresse.

Les paroles, pour s'élancer matériellement, ont besoin du silence ambiant et gagnent à être prononcées au moment où le soleil se couche, en harmonie avec la respiration de la terre, ou au soleil levant quand l'atmosphère a son maximum de pureté. La solitude, l'absence de bruits, la qualité de l'air sur les montagnes sont favorables à leur envol. Mais celui qui a la possibilité de fixer avec force sa pensée sur un idéal élevé, peut les prononcer du bout des lèvres, en n'importe quel lieu, même au milieu d'une foule, car les paroles ne sont qu'un accessoire pour aider et seule la pensée compte.

Celui dont la pensée est puissante et qui la dirige vers une haute vertu dont il a en lui le reflet, reçoit le secours qu'il demande de la hiérarchie fraternelle à laquelle il s'est adressée. Mais il faut qu'il ait le reflet similaire, le morceau de lumière si minime soit-il, dont l'attraction permet l'afflux de la lumière plus grande. Alors, il met en mouvement une loi analogue à celle des vases communicants. Les prières des croyants ignorants qui invoquent des divinités, ne sont que des essais maladroits pour la mise en œuvre de cette loi. Les croyants ont le merveilleux élément de la confiance, mais ils retardent l'aide que leur apporteraient, dans certains cas, les intelligences supérieures, en faisant une grossière représentation physique de ces intelligences avec des statues ou des images et en montrant une sordide humilité.

L'humilité, qui se manifeste dans les différentes formes de dévotion, est la négation de ce qu'on demande. Le pieux abaissement qu'exigent les religions, cette adoration qu'il est coutume dans l'Inde de prodiguer aux Gourous et aux maîtres, la servitude intellectuelle dans laquelle vous tiennent ces maîtres, sont les plus solides barrières qui séparent les hommes des Dieux. D'ailleurs, j'ai de la peine à croire que les vrais maîtres demandent à leurs disciples les ferveurs pieuses dont il est parlé et leur inféconde servilité.

Les Dieux sont des frères plus parfaits. Ils ne peuvent parler aux hommes que si le rapport fraternel a été établi, en vertu d'une égalité sur un point. Comment auraient-ils besoin des mêmes marques de respect que les hommes riches ou les hommes socialement importants ? Les génuflexions, les baisements de poussière, les prosternements devant des statues, sont des aveux d'ignorance et de laideur spirituelle. Celui qui appelle sous cette forme, affirme en même temps qu'il ne sera pas entendu, qu'il ne mérite pas de réponse.

Celui qui n'en mérite pas ne doit pas en demander. D'ailleurs, il n'en reçoit pas. Il n'y a de rapport avec les Dieux que pour recevoir ce dont on a déjà une parcelle. Les Dieux n'accordent pas le bonheur tel que nous le concevons. Ils ne disposent pas de ce bonheur. Ils ne peuvent même en effleurer les éléments. Les souhaits les plus humainement méritoires, tels que celui d'une mère priant pour la santé de son enfant, d'un soldat souhaitant la victoire de sa patrie, ne sont pas entendus par eux. Ce qu'ils peuvent nous accorder est d'un autre ordre, mais c'est la richesse essentielle. L'homme qui parvient à entrer en rapport avec le groupe où domine la vertu qu'il a cultivée recevra cette vertu dans des proportions inattendues. Une vertu étrangère ne lui est pas apportée par un injuste don, s'il n'en a pas cultivé en lui le germe. Celui dont on dit qu'il est aimé des Dieux est celui qui s'est assez aimé lui-même pour avoir développé un peu de divin en lui. Le musicien appellera utilement des musiciens invisibles dont les orchestres ont dix mille instruments et qui révéleront des sonorités incomparables. L'architecte épris d'édifices retrouvera des lois perdues de construction dont l'apport viendra peut-être des bâtisseurs de Ninive et de Babylone ou de cités plus anciennes dressées dans des planètes disparues. Plus la qualité sera d'un ordre supérieur, plus elle sera donnée avec abondance. Celui qui demandera d'aimer tous les êtres recevra un torrent d'amour dont le flot ira en croissant. Et ce don n'est pas fait avec une générosité d'ordre humain, mais par une obligation de fraternité.

Prière aux Dieux

Ô Dieux sans nom, Dieux sans visage, vous qui voyez la terre comme un amas de cendres violettes et percevez dans l'espace des planètes inconnues des hommes !

Je m'adresse à vous debout, non par orgueil, mais parce que la goutte de vérité avec laquelle je me suis enivrée m'a appris que les marques de respect n'étaient à vos yeux que des grimaces humaines et que la première condition pour demander l'intelligence est de s'en juger soi-même digne.

Je ne gravis pas une haute montagne pour vous parler. Je vous parlerais alors trop rarement. Je m'adresse à vous dans des chambres d'hôtel, sur des routes, dans des jardins, partout où je peux serrer sur ma poitrine un fragment de beau silence. J'essaie de projeter ma pensée vers vous, comme une lumière bien fragile, mais que la force de l'espérance empêche de trembler.

Je ne peux m'empêcher de regarder les étoiles quand je vous parle et même je crois confusément que vous ne pouvez m'entendre si je ne peux les voir. Je sais que vous n'êtes pas plus en haut que vous n'êtes en bas, mais c'est une illusion à laquelle je suis attaché de penser que le bleu du ciel est la couleur de l'esprit pur et qu'à la géométrie des astres correspondent les lois du monde.

J'ai quelquefois la faiblesse de vous désirer plus humains. Je ne détesterais pas alors de vous voir dans une forme semblable à la mienne bien qu'un peu plus grands par la taille, revêtus de robes hindoues et de ces grands bonnets de fourrure qu'on porte au Thibet et qui donnent tant de majesté.

J'envie alors ceux qui obéissent à des rites. J'aimerais chanter des hymnes, respirer l'encens, prier Krishna ou cette vierge qu'on voit dans toutes les religions et que, s'il le fallait, j'appellerais même Marie. Bien que je n'aime guère les enfants en bas-âge, je serais tenté de m'agenouiller devant celui qu'on représente dans une crèche, celui qui fut reconnu par l'âne et par le bœuf, surtout parce qu'il fut reconnu par l'âne et par le bœuf.

Mais je m'aperçois qu'en tombant à genoux, le cœur est plus près de la terre et qu'il faut ramper comme le serpent pour adorer avec perfection. Ô Dieux sans forme, Ô Dieux sans visage, gardez les attributs de l'invisible pour que mon âme aille jusqu'à vous !

Ô Dieux qui êtes toute intelligence, donnez-moi l'intelligence de chaque jour. Délivrez-moi de la superstition qui engendre la crainte et du courage instinctif qui remplit d'aveuglement. Donnez-moi la compréhension, celle de la fureur des hommes, celle de la résignation des animaux, celle de toutes les âmes vivantes.

Ô Dieux qui êtes toute mesure, donnez-moi la connaissance du bien et du mal, de la force qui spiritualise et de la force qui matérialise. Indiquez-moi par un petit signe tracé sur un mur ou dans les nuages de quel côté est le vrai bien. Car les événements quotidiens sont remplis de pièges et il est souvent difficile de reconnaître ceux qui mènent à l'esprit et ceux qui en éloignent.

Ô Dieux qui êtes tout amour, faites-moi aimer les créatures malgré leur laideur, malgré leur sottise. Je sais que la beauté fait pleurer, mais qu'il ne faut pas se fier à la douceur de ces larmes. Je sais que les bons et les purs ont souvent un nez trop long et un ventre ridicule. Délivrez-moi du dégoût que me cause la méchanceté et empêchez-moi de fuir en courant quand je vois le sourire de l'envie.

Ô Dieux qui êtes toute sagesse, aurez-vous assez de pouvoir pour agir sur ma nature inférieure ? Sous les sept voiles ostentatoires des qualités dont je me pare, il y a une dure écorce de pierre, et dans cette écorce de pierre est une cellule d'égoïsme, plus solide que le diamant. Dans cette cellule est cachée, sous la forme d'une étincelle, un prodigieux amour de la vie terrestre qu'aucune sagesse ne peut éteindre.

Ô Dieux sans forme, Ô Dieux sans visage, délivrez-moi de la tentation d'avoir une forme, de la tentation d'avoir un visage. Je me demande quelquefois si mon désir de parvenir jusqu'à vous est aussi sincère que je le crois. N'y a-t-il pas deux sincérités, celle de son idéal, et celle de soi-même ?

Ô Dieux qui ne régnez pas sur la terre et ne pouvez faire asseoir personne à votre droite, accordez-moi un peu de lumière, lorsque viendront les ténèbres de la mort. Aidez-moi à garder ma conscience lumineuse comme une lampe éternelle. Délivrez-moi du poids pour que je sois léger, du désir pour que je sois pur, de la séparation pour que jouisse des présences. Enseignez-moi le secret de la métamorphose pour que je devienne semblable à vous.

De la Création Artificielle d'Une Déesse

Ceci se passait dans un temps où je relevais d'une grave maladie. Peut-être la mort était-elle venue près de moi à mon insu. Je ne m'en étais pas aperçu. Il est possible qu'elle ait été discrète. C'est une des qualités de la mort de se rendre invisible quand elle approche. Quelques personnes, autour de moi, avaient pressenti sa présence et, par des inquiétudes mal déguisées, des sollicitudes exagérées m'avaient laissé comprendre ce pressentiment. J'avais souri, attribuant à leur pessimisme, la crainte d'une venue que je jugeais secrètement invraisemblable. Car un certain nombre de sots, dont je fis partie durant ces quelques jours, s'estiment, au tréfonds d'eux-mêmes, physiquement immortels.

A cause de la faiblesse de mon corps, mon esprit ne jouissait plus des mêmes qualités de pondération. Mes idées se succédaient avec une extrême rapidité et j'étais, d'une façon continuelle, dans un état d'ivresse légère et assez douce. Il ne s'y mêlait aucune de ces gravités dont j'ai entendu parler, qui font faire des testaments ou prononcer des paroles émouvantes et solennelles. La vie me paraissait revêtue d'une beauté agréable mais peu importante. Des poèmes oubliés depuis des années me revenaient à la mémoire avec des projets de livres étranges qui se déroulaient devant moi pour être aussitôt oubliés.

Or, je me souvins brusquement d'un ouvrage que j'avais lu récemment et dont un passage m'avait assez vivement impressionné. C'était le livre où Mᵐᵉ David Néel raconte son voyage au Thibet. Au cours de ce voyage célèbre, elle s'arrêta sur une montagne, dans une cabane d'ermite ; pour y pratiquer la méditation selon les antiques méthodes des lamas Thibétains. Mᵐᵉ David Néel ayant reçu le don de la patience et le don plus rare de fixer sa pensée, obtint un résultat extraordinaire.

Après plusieurs mois de pensée constante, elle arriva à créer un être dont elle s'était représenté l'image. Elle créa l'apparence et le contour de quelqu'un qui devint son compagnon dans sa solitude et qui, lorsqu'elle cessa de penser à lui, persista dans l'existence au point de devenir une obsession qu'elle ne pouvait chasser.

Mᵐᵉ David Néel, en proie au vent et à la neige de l'Himalaya, aurait pu créer, ce qui lui aurait été aussi facile, un personnage divertissant qui aurait charmé ses heures, quelque délicieux danseur, quelque joueur de guitare. Elle préféra mettre au monde un sombre ermite, un lama sévère en méditation. A un idéal d'austérité convient une austère réalisation.

— Pourquoi, me dis-je, ne tenterais-je pas d'imiter Mᵐᵉ David Néel ? Sans doute la maladie apporte une déchéance de principe car mes amis viennent me voir bien rarement et, s'ils viennent, c'est toujours un peu avant des rendez-vous urgents qui les font me quitter très vite. La lecture me fatigue et j'ai de longues heures inoccupées. Ce serait un inappréciable avantage de créer un compagnon, visible pour moi seul, dépourvu de matière et qui pourrait être riche de beauté.

Je décidai tout de suite que le personnage dont j'allais tenter la création, serait de sexe féminin. Je considérai que la grâce du visage et la perfection du corps étaient bien préférables pour les longs entretiens à la sévérité d'un vieux lama. Je me mis aussitôt à l'œuvre avec une grande ardeur et une demi-patience. C'est la netteté de l'image qu'on se forme qui contribue à la réalisation. Je fixai avec force devant mes yeux une image idéale de femme, aussi belle que je pus la concevoir et, comme des matériaux, j'apportai une à une mes pensées pour l'amener à l'existence hors des ombres du néant.

Je fus surpris de la rapidité relative avec laquelle j'obtins un résultat partiel. Certes, je ne prétendais pas à une volonté de méditation telle que celle de Mᵐᵉ David Néel. Mais au bout de quelques jours, quand j'appelai l'image de cette sorte de déesse que j'avais pétrie et peinte selon mon âme, j'obtins une vision beaucoup plus précise que celle que procure l'effort de l'imagination ordinaire. Je ne veux pas dire que la vision avait une réalité objective, loin de là, Mais cela m'encouragea à consacrer plus de temps au travail de la création, et je le fis tous les soirs, à la clarté d'une lampe qui jetait peu de lumière. Je remarquai que la création se réalisait d'autant mieux que la lumière était plus faible et la chambre plus silencieuse.

Il se passa alors quelque chose de curieux qui me jeta dans l'étonnement.

La première ébauche de la déesse imaginée dans mon esprit avait une peau très blanche, la taille assez grande et les traits d'une beauté s'apparentant au type grec. J'avais même regardé des reproductions de statues pour conformer les détails de la coiffure à l'ensemble de la forme. Mais la déesse m'apparut en quelque sorte malgré moi avec la peau un peu bronzée, de taille petite, une chevelure déroulée, jaillissant en gerbes épaisses et chargée de reflets bleuâtres auxquels je n'avais nullement songé. J'essayai, naturellement, de la ramener à ma conception personnelle. J'essayai surtout de supprimer cette chevelure dont je n'aimais pas la qualité phosphorescente et qui était trop importante à mes yeux par son épanouissement excessif. Mais l'image diminua alors sensiblement de précision. Elle fit au contraire de grands progrès de réalité dès que je me la représentai avec ses attributs inattendus. Ses traits se précisèrent aussi d'autant plus vite que ma volonté consciente cessa de les modeler. Je vis bientôt un visage charmant, mobile, qui passait aisément de la tristesse à la volupté et ne ressemblait à aucun visage connu pendant ma vie.

Dès le commencement j'avais songé à lui donner un nom, un nom grec bien entendu. C'était en apparence très facile. Je voulais que le nom exprimât un rapport avec le physique de celle qui allait le porter. Je fus obligé de rejeter tous les noms qui se présentèrent à mon esprit et il m'apparut clairement que ce n'était pas un nom grec que je devais lui donner. La déesse sortie des profondeurs de mon âme appartenait décidément à une race particulière, une race orientale que je ne pouvais définir avec précision, mais qui n'avait aucun rapport avec la race grecque.

Il se produisit encore autre chose de plus singulier. La créature aux cheveux bleuâtres manifesta, sinon des pensées, du moins des instincts que je ne l'avais pas autorisée à manifester. Elle se montra autonome dans une certaine mesure. Au lieu d'attendre d'être appelée, il lui arriva d'apparaître à des heures choisies par elle et non par moi et même, avec une certaine malignité elle vint aux heures les moins appropriées à sa venue.

Un de mes amis, homme particulièrement grave et sage, venait parfois à cinq heures s'entretenir avec moi des problèmes les plus élevés touchant la mort et la destinée de l'homme. A peine la conversation était-elle engagée que la déesse commençait à vagabonder dans la pièce, elle me souriait au-dessus de sa tête, faisait s'épanouir le cercle de sa chevelure où s'allongeait nonchalamment sur le lit. Je souhaitais alors sincèrement sa disparition mais ma volonté était impuissante à la chasser.

Nos rapports étaient rigoureusement chastes, mais je compris qu'ils pouvaient être différents et que cela ne dépendait que de moi. J'avais créé la déesse pour avoir sous les yeux une vision de beauté humaine destinée à développer en moi un état d'amour spirituel et des pensées élevées. Je perçus qu'il y avait dans les mouvements du corps de la déesse, dans l'expression de ses traits, un apport de volupté dans lequel je n'étais pour rien, qui était absolument extérieur. J'eus, au bout d'un certain temps, un compagnon dont la réalité allait grandissant, dans lequel je pressentais une âme charmante mais soumise à des passions humaines et dont l'essence, issue de moi à l'origine, me devenait de plus en plus étrangère.

Mme David Néel, dit dans son livre, qu'obsédée par la sombre silhouette de son lama, elle ne put s'en débarrasser brusquement. Elle fut obligée, pour le supprimer, d'employer les mêmes procédés qu'elle avait employés pour le créer. Mais je ne pus me résoudre à supprimer une créature si délicatement vivante, si doucement fugitive, qui avait une personnalité si particulière et dont le sourire exprimait même, quelquefois, à mon égard, une ironie sans méchanceté. Je me demande, du reste, si j'aurais pu y parvenir.

Il arriva que je guéris de ma maladie. Je recommençai à sortir et il y eut une forme de concentration qui fut abolie pour moi. Sans doute, en rentrant dans la chambre où la déesse s'était accoutumée à vivre, je rapportai des éléments spirituels étrangers qui lui étaient contraires. Elle devint plus vague, sa présence fut plus incertaine. Je ne peux pas dire qu'elle eut de la tristesse à s'effacer, bien que je crus discerner en elle une certaine mélancolie. Mais qui sait si cette mélancolie n'était pas le reflet de celle que j'éprouvais à la perdre ?

De quelle substance était fait cet être sans matière ? Je suis obligé de penser, malgré l'invraisemblance que cela présente, qu'elle ne fut pas uniquement créée par moi. Peut-être ai-je créé seulement le moule spirituel où un être instinctif et possesseur d'une infinitésimale particule de conscience est venu habiter par amitié ou par simple goût de la vie ? Si son obéissance n'était pas toujours absolue, je dois témoigner de ses qualités de docilité, de charme et d'affection. Je fus surtout sensible à une manière de fantaisie joyeuse et poétique qui se manifestait par les attitudes et par le sourire. Mais d'où venait cette étonnante chevelure avec des phosphorescences bleues comme il ne me fut jamais donné d'en voir sur une tête humaine ?

Je n'ai jamais pu trouver de nom à l'amie silencieuse de mes soirs de convalescence. Tous ceux qui se sont présentés à mon esprit ont été rejetés aussitôt comme de faux noms. Il m'arrive de le regretter parce qu'il y a un pouvoir dans le nom et je m'imagine que parla magie des syllabes, je pourrais faire revenir tout à coup la déesse disparue.

J'en ai quelquefois le désir surtout lorsque vient le crépuscule, que je suis seul et que la lampe ne jette qu'une faible lumière. Je l'ai quelquefois appelée mais ce fut toujours vainement. Pourtant je sais qu'elle n'est pas morte, qu'elle existe quelque part et qu'un lien invisible la joint à moi. Peut-être repose-t-elle dans le séjour des beautés en puissance et des archétypes de ce qui n'est pas encore ? Peut-être a-t-elle besoin pour sa demi-existence de l'atmosphère de la maladie et n'a-t-elle sa plénitude de vie qu'avec la mort de son créateur ? Peut-être ne m'apparaîtra-t-elle plus qu'à la minute de ma mort ? Peut-être ai-je de longs jours à passer dans sa compagnie ? Je me retourne quelquefois avec le sentiment qu'elle est derrière moi. Je ne serais pas surpris si je la voyais un jour s'asseoir tranquillement à mes côtés dans une pose familière.

Je n'ai rapporté la venue et la disparition de cette déesse que comme un exemple montrant qu'il y a une grande variété de Dieux différents qui habitent notre atmosphère. Certains sont plus élevés que nous et les autres nous sont inférieurs. Nous pouvons donner la vie aux uns par un emploi de nos forces que nous ignorons. Il y en a d'autres qui pourraient nous être utiles de plus d'une façon si nous savions les appeler et leur faire part de notre souhait.

Ainsi nous conduirions-nous nous-mêmes vis-à-vis des êtres moins développés. Nous ne nous occupons guère des fourmis ou des tortues, — je cite des espèces au hasard — et de leur croissance spirituelle. Mais si une fourmi ou une tortue venait à nous en suppliante et parvenait à nous faire comprendre qu'elle attend un secours moral de nous, la plupart des hommes moyens feraient l'impossible pour l'aider. C'est de la hiérarchie immédiatement placée au-dessus de l'homme que nous pouvons espérer le secours décisif. C'est en franchissant la porte de la mort que nous avons une occasion de faire un grand pas en avant. Nous avons aussi le risque de reculer. Il faut nous préparer de notre vivant pour que ce passage, qui peut être joyeux, mais peut aussi être triste, devienne profitable et pour que nous n'ayons plus à franchir à nouveau cette porte qui tourne de façon si inattendue et dont les gonds font en tournant un bruit si mystérieux.

L'énergie de Perfection et le Message du Rossignol

Comme une jeune fille vêtue de blanc qui entre dans une salle de festin où sont assis des hommes grossiers, ainsi l'esprit pénètre un jour au milieu des désirs de l'âme. Les hommes grossiers rient avec concupiscence ; quelques-uns invitent la jeune fille à venir s'asseoir sur leurs genoux ; d'autres font le geste de saisir sa taille élancée. Les plus pervers méditent secrètement. Ils pensent que ce ne serait pas assez de renverser le contenu de leur verre dans sa gorge et de répandre sa chevelure sur la table. Ils voudraient la faire participer à leur déchéance. Car c'est une souffrance pour les hommes grossiers de sentir qu'il y a une beauté idéale dont ils n'effleureront jamais la robe immaculée.

Les désirs de l'âme sont pareils et agissent vis-à-vis de la blanche jeune fille comme s'ils avaient une volonté autonome. Ils tentent de pervertir l'esprit. Mais une fois qu'il a pénétré dans la salle de festin, les bouteilles se renversent d'elles-mêmes et le rire des buveurs se transforme en bégaiement. Quelques-uns sont frappés de paralysie. D'autres tombent à genoux et cherchent dans leur mémoire des formules de prières. Et il vient un moment où l'un d'eux saisit un flambeau et allume les boiseries de la salle. Alors la barbe et les vêtements des hommes grossiers s'enflamment, ils se transfigurent dans le feu et ils deviennent comme des Bouddhas splendides.

Il faut que la transformation par l'esprit ait lieu avant la mort.

— Tout homme doit commencer par se rendre beau et divin pour obtenir la vue du beau et de la divinité, a dit Plotin.

Celui qui veut vivre avec les Dieux après sa mort doit au moins les avoir entrevus pendant sa vie terrestre. Celui qui n'y croit pas ne les verra pas, mais il pourra se conformer au divin et développer, bien qu'avec plus de lenteur que celui qui croit, les éléments par lesquels il pourra pénétrer dans les mondes supérieurs.

Il y a, dans l'air que nous respirons, une sorte d'énergie invisible que l'on peut appeler l'énergie de perfection. Cette énergie, infiniment subtile peut être captée par tout homme. Mais les uns ont plus de facilité que les autres parce qu'ils se sont mieux conditionnés pour recevoir cette énergie. Ils se sont modelés pour être de meilleurs appareils récepteurs.

Cette énergie n'a aucune manifestation physique. Son mode de vibration doit être celui du monde spirituel. C'est en vertu de la possession d'une parcelle de cette énergie que les artistes créent une certaine qualité d'œuvres d'art, les œuvres qui tendent à perfectionner l'âme. Un très grand nombre d'œuvres artistiques, parmi les plus admirées, ne sont pas suscitées par l'énergie de perfection, notamment celles qui développent la sensualité et le goût du plaisir. Léonard de Vinci, Michel Ange, Wagner, le poète Andersen, avaient su développer en eux, consciemment ou à leur insu, l'énergie de perfection.

La nature qui se plaît à jeter dans les différents règnes, sous forme d'exception, des avant-coureurs des règnes suivants, a semé dans les végétaux et les animaux une faculté prématurée de recevoir et de développer l'énergie de perfection. Il y en a une particule dans le saphir et dans l'améthyste. C'est pourquoi on attribue à la possession de ces pierres, si elles sont parfaites, un certain pouvoir de développer la spiritualité chez celui qui les porte. On peut constater que la plupart des porteurs de saphir ou d'améthyste, n'ont pas en eux le moindre élément de spiritualité. C'est que la force est incommunicable à celui qui ne veut, ni ne sait la recevoir. Il ne suffit pas que la force soit projetée ; il faut qu'il y ait une porte par où elle puisse passer. De plus, la façon de tailler les pierres peut diminuer ou même supprimer le pouvoir d'expansion de la vertu qu'elles renferment. C'est à l'état brut qu'elles ont leur plus grande qualité de don et le travail qu'on leur fait subir, tout en favorisant l'éclat, ne fait qu'amoindrir le pouvoir d'expansion. C'est pour cette raison qu'en Chine, beaucoup de pierres précieuses sont conservées à l'état brut.

Il y a des végétaux à qui a été dévolue la faculté d'emmagasiner l'énergie de perfection. Les fleurs et en particulier la rose sont parfois l'expression de cette énergie. Ce que nous appelons, dans notre ignorance, une tendance au bien ou une tendance au mal, différencient déjà les végétaux. L'âme unique de chaque espèce se transforme et s'épanouit dans un sens nettement déterminé. Il y a une aristocratie végétale dont nous pouvons mesurer les degrés en discernant chez les espèces l'élément supérieur qu'elles contiennent. Le caféier et le pavot ont un rapport intime avec l'intelligence et avec l'imagination et les hommes qui s'adonnent avec une sage mesure au café ou à l'opium, peuvent bénéficier de l'énergie de perfection, transformée par l'alchimie végétale. Ces deux plantes représentent le sommet atteint par l'effort des espèces de leur règne. Certaines ivresses raisonnables du café ou de l'opium peuvent faire participer celui qui a su diriger son ivresse à la vie dans les mondes supérieurs. Si l'absorption du café ou de l'opium ne favorise pas toujours l'utilisation de la pensée au point de vue terrestre, si leur apport n'est pas ce qu'il est convenu d'appeler pratique, elles donnent un avant-goût du commerce de l'homme avec les Dieux. On peut attendre d'elles un agrandissement de la faculté d'aimer et surtout ce rare, cet inestimable élan qui nous invite à nous dépasser nous-mêmes.

D'autres plantes ont ces qualités à un degré moins grand ou ont développé d'autres qualités spirituelles. Le romarin a pu capter un peu de l'énergie de perfection et il la manifeste dans le parfum qu'il répand, quand on froisse ses feuilles dans la main. On sent alors en le respirant qu'il y a une communication de la plante avec l'au-delà et que cette communication est constante. Elle peut être dans certains cas pour l'homme un chemin vers la vie spirituelle. De même le buis, quand son feuillage est mouillé par la pluie donne l'intuition, sinon la connaissance de la mort. Il n'y a du reste qu'à le considérer pour comprendre par son aspect que c'est vers cet ordre de sagesse que son âme s'est orientée.

Ceux qui désirent connaître l'avenir devraient faire des expériences avec le laurier. L'âme du laurier produit un effort pour conquérir des qualités de divination. Ces qualités étaient connues des Grecs. Les Pythies qui prophétisaient dans les temples tenaient une branche de laurier à la main et en mâchaient une feuille en parlant.

Mais nous ne savons pas nous servir des propriétés divines cachées dans les règnes inférieurs. Nous n'avons pas tenté de percer le mystère végétal. Nous n'avons essayé d'arracher aux plantes que des remèdes pour les corps. Nous ne leur avons rien demandé pour l'élévation de notre âme. Nous ne les avons jamais mises en rapport avec notre intuition. Il y a vraisemblablement beaucoup de plantes qui possèdent des trésors de spiritualité. Mais nous ne les connaissons pas. Il faudrait les découvrir et profiter de leur effort millénaire. Comme chez les hommes, ce sont les plus modestes qui doivent être les plus sages. De même qu'il n'y avait pas le plus léger souffle de l'énergie de perfection chez Napoléon, qu'il était entièrement humain, de même il y a peu à attendre, dans cet ordre d'idées, des arbres orgueilleux comme le platane ou le chêne. Ils sont entièrement végétaux. Il faut se contenter de leur ombrage. Mais si nous étions capables d'aimer les plantes comme elles le sollicitent avec l'enlacement de leurs branches et la courbe de leurs feuilles, nous découvririons celles qui sont au sommet de leurs hiérarchies et dont l'âme a su atteindre, par un chemin secret, la vie spirituelle.

Il en est de même pour les animaux. Il y en a, comme les abeilles, les fourmis, les castors, qui sont allés infiniment plus loin que nous dans le développement de certaines qualités. Ce n'est que de nos jours que M. Maurice Maeterlinck a commencé à tirer des conclusions profondes de l'étude de leurs mœurs. L'histoire des animaux, si on pouvait l'écrire, serait le récit d'un long et systématique massacre et les recherches pour pénétrer leur intelligence n'y auraient qu'une faible part.

L'énergie de perfection se manifeste avec une puissance extraordinaire dans la personnalité du rossignol. Comme le saphir par la lueur, le pavot par le suc, le romarin par l'odeur, le rossignol manifeste par le chant l'énergie divine dont il est possédé. Cette énergie n'est jamais silencieuse. Elle comporte un besoin d'expression.

Ce besoin est à son maximum chez le rossignol. Le rossignol représente le point le plus élevé atteint par les âmes animales, dans leur effort vers le divin.

Il ne semble pas qu'il y ait dans le chant du rossignol des préoccupations d'oiseaux. Ce chant ne parle pas de couvées, de crainte de bec de chouette, ou de volupté dans la tiédeur d'un nid. Il n'y passe aucun frisson de plumage. Il est organisé avec plus de science que l'hymne d'un poète. Il est plus concis et plus ordonné qu'une musique humaine. Il renferme le dernier mot du génie qui est la connaissance des correspondances de la nature et de celle de l'âme. Non seulement de l'âme du rossignol et de l'âme humaine, mais de toutes les âmes de la terre. C'est un chant qui s'envole au delà des limites connues où peuvent s'envoler les créatures. Et avec lui s'envolent on ne sait où, le paysage où retentit le chant et les cieux qui le recouvrent. Et celui qui l'entend, avec le recueillement qui convient, au cours d'une calme nuit de printemps, est lui-même transporté dans une sorte de fièvre spirituelle, où les sens ne sont pour rien, vers un autre monde plus beau que celui que nous connaissons.

Le chant ne donne pas la vision de l'autre monde. Il indique le chemin qui y conduit. Il affirme qu'il existe et il le prouve par le seul fait qu'une si haute, une si consolante pensée est exprimée par la voix d'un oiseau.

Et si l'on songe à la prodigieuse et inusitée dimension de la voix chez un aussi petit être, si l'on songe au courage qu'il faut pour chanter sur ce diapason par une nuit de printemps quand les oiseaux rapaces, porteurs de becs de fer et insoucieux de musique, rôdent par les arbres, on conviendra qu'il y a un mystère dans le rossignol et que seule, une ivresse qui est au-dessus de toute conception, la proclamation d'un message sublime, peut motiver cette exaltation d'ordre divin.

Il est possible que ce soit exclusivement pour l'homme que le message soit chanté. Le rossignol a une extrême facilité à communiquer avec l'homme et à répondre à sa pensée. Dans un pays où il y a beaucoup de ces mystérieux oiseaux, il m'a été donné d'établir avec eux des rapports que seule notre timidité réciproque a empêché d'être plus étroits.

Beaucoup d'hommes sont parvenus à concentrer en eux l'énergie de perfection. Mais ils l'ont tournée vers l'intérieur de leur âme, vers une silencieuse possession. Nul n'est jamais arrivé au parfait désintéressement du chant proclamé dans la nuit, à la magnifique audace du rossignol. Le règne animal a manifesté un élan religieux et artistique où s'est mélangé le sacrifice de soi et la ferveur idéale, qui n'a jamais été surpassé par les hommes. Il y a là quelque chose de troublant et d'énigmatique.

Mais ce qui suscite le plus l'étonnement, c'est que le message ne semble avoir été compris de personne. Les oiseaux ne sont pas influencés par la voix divine qui emplit la nuit. On ne les voit pas rendre un hommage quelconque au rossignol. Le merle, la fauvette et les autres oiseaux ne se taisent pas quand il chante et même ils s'efforcent de couvrir sa voix de leurs chants médiocres. Le hibou se repaît du chanteur aussi bien que de l'oiseau silencieux. Les hommes ne lui prêtent qu'une oreille distraite. On ne les voit pas se rassembler pieusement sous l'arbre où le message est proclamé. Certains sont importunés parce que leur sommeil est troublé par cette voix trop belle et trop déchirante. Je me souviens d'un personnage vénérable et bon, mais chasseur, qui disait avoir plus de plaisir à manger les oiseaux qui chantent, même maigres, que les oiseaux qui ne chantent pas.

Une lumière a été allumée dans la nature, qui brûle d'une flamme incomparable et que personne ne voit, parce que les yeux sont tournés en bas, au lieu d'être tournés en haut. Un son d'essence divine retentit à travers les ombres de la terre et les oreilles demeurent fermées parce que chacun les a bouchées avec le plomb de son incroyance. Et ceux qui croient ne sont pas plus disposés à entendre. Ils se donnent quelquefois beaucoup de mal pour arriver à une illusoire perfection. Il y en a qui sont à la recherche de maîtres dont la parole les éclairera. Il y en a même qui vont dans l'Inde et au Thibet avec l'espérance de trouver ces maîtres.

Et ils n'ont pourtant qu'à s'asseoir au coin d'une route, au bord d'un jardin ou le long d'un bois, pour entendre, clair, compréhensible et dans la forme d'expression la plus émouvante, le message qui enseigne parmi les ténèbres de la nuit, la direction que doit prendre l'âme du côté de la lumière.

* * *

Le Yoga hindou, la science du souffle, les procédés de méditation tendent à l'acquisition directe de la perfection. Mais tous ces moyens sont vains, difficultueux et ne donnent que peu de résultats parce que celui qui les emploie n'a pas appris à conquérir auparavant l'énergie de perfection.

Toutes les méthodes prescrites demandent comme première condition de faire le silence du mental, c'est-à-dire l'interruption de toute pensée pour laisser apparaître la fleur de la sagesse profonde. Or, ce silence du mental est très malaisé à obtenir. Les souvenirs se pressent en masse à la minute où l'on veut les chasser et si l'on arrive à un commencement de silence, il y a souvent des apparitions d'images bizarres ou grotesques qui n'ont aucun rapport avec la sagesse profonde. Les exercices de respiration qui peuvent réussir à certains sont fâcheux pour d'autres. Ils libèrent des forces inconnues, ils causent quelquefois des troubles physiques et plus souvent des troubles mentaux. Ils mettent dans un état d'agitation nerveuse et rebutent ceux qui s'y adonnent.

Il y a pour les hommes ordinaires — et il est toujours sage de se placer dans cette vaste catégorie — des méthodes plus simples pour acquérir l'énergie de perfection. Mais leur extrême simplicité les fera rejeter, bien à tort, par les orgueilleux. Ce sont pourtant celles qui permettront le mieux d'obtenir une connaissance pressentie des mondes supérieurs.

La première méthode est l'audition des bruits qui sortent d'un jardin ou d'une forêt. Il faut choisir, autant que possible, un endroit qui n'est pas troublé par des cris d'automobile ou de chemin de fer. Ces cris discordants sont l'expression de la force rétrograde du monde, celle qui va vers la jouissance matérielle, au lieu de s'élever vers l'ordre spirituel. Ils sont au pôle opposé de l'harmonie naturelle et ils la paralysent, comme l'introduction d'une grosse caisse de foire dans l'exécution d'une symphonie. Il faut aussi choisir un jardin où sont réunis des arbres de différentes espèces, car plus les espèces sont nombreuses plus il y a d'âmes végétales diverses qui s'expriment.

Le vent, en passant dans les feuilles, tend à résoudre en harmonies les méditations des plantes. Les âmes des plantes sont moins conscientes que les nôtres, mais elles sont moins enfoncées que les âmes humaines dans la matérialisation par la complication des organes et l'appétit de la séparation égoïste. Elles subissent la loi de descente, mais elles sont plus près de la vie spirituelle, de la cause. Leur voix proclame non le retour immédiat à l'esprit, mais la conformation aux lois du monde. Car l'âme végétale s'est développée dans le sens de la sagesse. Il faut essayer de comprendre sa voix, il faut s'abandonner aux courants végétaux qui font monter à travers l'espace un hymne de sagesse.

Il vient un moment où on a le sentiment de se mêler à ces courants et d'être emportés par eux. Cela ne se produit jamais tout de suite et la qualité des arbres a une grande importance. Il y en a qui sont orgueil-leux et peu développés. D'autres qui sont fermés à ce qui est humain et à la méditation desquels il est impossible de participer. Certains hommes ont des affinités avec certains arbres plutôt qu'avec d'autres. Je ne serais pas éloigné de croire que l'amour que l'on a pour une région vient surtout de l'affinité que l'on a avec sa végétation. Les pins, les cyprès, les eucalyptus sont des arbres de grande spiritualité et ceux dont la voix est la plus profitable.

Mais il faut autant que possible choisir un lieu planté d'arbres où ne passe pas de rivière. D'abord parce que le bruit de l'eau — celui d'une rivière ou celui de la mer — ramène l'âme vers la terre. Ensuite parce que la proximité de l'eau entraîne la proximité de tout un peuple animal, crapauds, grenouilles, oiseaux. Toutes ces créatures poussent des appels d'amour, des cris de faim, des cris de peur. Ces voix que l'on considère comme le complément des voix de la nature, ôtent par leur caractère matériel toute expression sublime aux hymnes des arbres.

Mais si pur que soit le chant s'élevant des essences végétales diverses, pour en pénétrer le sens, le différencier des autres voix de la nature, comme par exemple la voix grossière de la mer, il faut une disposition d'âme spéciale et la qualité du chant est relative à la qualité de celui qui l'écoute.

Une autre méthode est la contemplation attentive du ciel nocturne, quand les étoiles sont clairement visibles. Personne, ou presque, ne re-garde le ciel. On retire pourtant de sa vue un enseignement utile à l'effort de perfection, une force de cœur qui s'infiltre secrètement, sans que la pensée raisonnable y soit pour rien. Il faut regarder le ciel quand il n'y a pas de nuages et en l'absence de la lune. La clarté de la lune ramène aux rêves terrestres, aux images relatives à la génération, aux voluptés des sens. L'énergie de perfection vient de la couleur de l'immensité, des figures tracées par les étoiles et de leur désordre géométrique.

Il est vain pour celui qui veut élever son âme par le ciel, de calculer des distances, de supputer la relativité de l'espace ou d'autres prob-lèmes de cet ordre. L'examen de ces problèmes est fécond en lui-même, mais il est d'un autre ordre. Il conduit à un précieux agrandissement de l'intelligence. Il ne sert pas à acquérir l'énergie de perfection. Cette énergie pénètre l'être par d'autres voies. La contemplation du ciel et de ses étoiles conduit à une sorte de demi-extase pendant laquelle l'âme est réceptive et absorbe l'énergie de perfection.

Et quand on la reçoit, ainsi que pour toute richesse vraiment précieuse, on ne sait pas qu'on la reçoit.

Prévision de Ma Mort

Un certain nombre d'hommes sont informés de leur mort prochaine. C'est là une précieuse faveur. Connaissant à l'avance la date de leur fin, ils peuvent accomplir quelques actes essentiels, rassembler autour d'eux quelques pensées utiles. Ainsi ils sont garantis de beaucoup d'angoisses dans l'au-delà. Ils n'ont pas le risque d'un réveil brusque avec le remords de ne pas avoir réalisé un de ces projets chers qu'on remet toujours à la dernière heure. Heureux ceux qui sont informés de leur mort prochaine.

Pour avoir la prévision de sa mort, il faut avoir une âme éclairée par la méditation ou être lié à un groupe. Quand on a longtemps médité, on a acquis une certaine clairvoyance sur l'ensemble de sa destinée et on peut prévoir par sa connaissance intérieure le moment du passage d'un mo de à l'autre. Mais si pour des raisons diverses l'âme demeure dépourvue de clairvoyance, il arrive que les êtres du groupe auxquels on est lié suppléent à la clairvoyance absente. La prévision survient alors non par une intime intuition, mais par un signe extérieur.

Ce signe est le plus souvent l'audition d'une musique d'ordre transcendantal entendue par celui dont la mort est proche. On en a consigné de nombreux exemples dans des livres écrits à ce sujet. Lattu, disciple de Ramakrishna, fut averti de sa propre mort par le son d'une flûte. La musique a souvent alors un caractère d'appel. Beaucoup de familles ont par tradition une annonce de la mort de chacun de leurs membres par l'audition d'une marche funèbre et cette marche funèbre a été entendue par des personnes qui n'appartenaient pas à la famille. Le signe est quelquefois, au lieu d'une musique, l'apparition d'une forme, qui est d'ordinaire, celle d'un parent ou d'un ami.

Il doit y avoir un grand nombre de cas où la prévision, quand elle vient des êtres de l'au-delà, ne peut être faite, quelle que soit la bonne volonté de ces êtres. Leur connaissance des causes et des effets est à peine moins limitée que la nôtre, et plus ils appartiennent à une hiérarchie élevée, plus les choses de la terre sont pour eux obscures. La désagrégation physique s'exerce dans les molécules du corps bien avant l'instant de la mort. Cette désagrégation a son reflet dans notre double et le double la transmet au corps spirituel. Ce n'est qu'ainsi que les êtres spirituels peuvent la percevoir. La mort peut provenir aussi, de l'acte libre et inattendu d'une autre personne et cet acte ne peut être prévu ni par les hommes, ni par les Dieux.

Un oiseau, ou un vol d'oiseaux, d'une couleur particulière et volant dans une direction déterminée ont été, dans certains cas, les annonciateurs volontaires de la mort. Cela tenait, à la communication existant entre l'homme et l'âme collective d'une espèce d'oiseaux. Les oiseaux sont, de toutes les créatures animales les plus susceptibles d'une alliance avec les hommes. Une fois que cette alliance existe, on peut attendre d'elle le service capital d'annoncer la mort.

La mort est perçue quelquefois comme la présence compacte et douce d'un être animé emplissant la chambre d'un agonisant. Il est arrivé à des personnes bien portantes d'avoir ce sentiment d'une présence compacte et douce. C'était la prévision de leur mort qui ne devait se produire qu'un peu plus tard. La mort était venue puis s'était retirée.

La forme la moins séduisante de la prévision, bien que la prévision doive toujours être accueillie avec satisfaction est la vue de la mort sous son aspect millénaire de squelette, surtout si ce squelette a une velléité d'étreinte. Mais il faut l'examiner avec un sage discernement, car cette apparence est celle qui a le plus de chance d'être une création de l'imagination.

* * *

Une nuit, j'eus la sensation que l'heure de ma mort était venue.

On a, quelquefois, la nuit, quand on s'éveille en sursaut, une diminution des facultés raisonnables. On est dominé par un souvenir, par une peur, ou par le sentiment d'une présence illusoire. Et l'on n'a pas, durant un temps assez long, la capacité de retrouver la véritable proportion des choses.

C'était une nuit d'été avec une lune dont je voyais la clarté par ma fenêtre laissée entrouverte. Assis sur mon lit, dans l'inconscience du réveil j'eus la sensation stupide que la mort, personnage divin, était dans cette clarté et qu'elle avait l'aspect populaire de squelette avec une faulx sous lequel on la représente dans les images enfantines.

Je ne fis rien de ce que je m'étais prescrit de faire à cette minute capitale de la mort. Ma dernière pensée que je savais si importante, je ne la dirigeai pas vers les Dieux et le monde spirituel. Ma dernière pensée n'avait trait qu'à des choses terrestres, tout à fait terrestres. Je m'habillai à la hâte et je descendis rapidement l'escalier de l'hôtel, sans que cette activité modifiât la certitude de ma dernière heure.

Je me trouvai sur un port paisible. Quelle heure était-il ? C'était de peu d'importance. L'essentiel était de jouir une dernière fois de la beauté des formes que j'allais quitter. Ces formes étaient splendides et impressionnantes de silence. Les arbres de la place étaient immobiles comme des arbres de pierre. Des barques, avec une lenteur solennelle, se mettaient en marche sur les eaux. Ma pensée se concentra sur des lettres que j'avais à écrire. Je devais écrire à des créatures charmantes des choses tendres, insignifiantes, pourtant essentielles. Pourquoi avoir tant tardé ? Plein de clémence, le personnage à la faulx me laissait le temps d'écrire.

Mais il fallait le faire sans retard. Les cafés étaient fermés. Tout dormait. Je vis des perspectives de ruelles mortes. Est-ce que le monde entier mourait avec moi ? C'était peut-être déjà fait. J'étais l'unique survivant de la planète. Les lettres étaient alors inutiles. Mais non, les bateaux voguaient malgré l'absence de vent. J'avais toujours été intrigué par le mouvement qu'imprimaient les voiles quand aucun souffle n'agitait l'air. Ce mystère, comme bien d'autres, ne serait jamais percé.

Je me mis à marcher au hasard. Pourquoi la mort ne serait-elle pas une force destructrice susceptible de revêtir la forme que lui prête d'ordinaire l'imagination populaire. Quand la force est sur le point de s'exercer, celui qui sent la force en lui voit apparaître l'image liée à l'idée de la force. Cette image était, dans un sens, réelle. J'avais bien vu dans la clarté lunaire, le personnage à la faulx. Peut-être avait-il descendu l'escalier derrière moi. Peut-être me suivait-il, souriant de mon agitation, et de quel sourire !

Je sortis de la ville, d'un pas rapide. Je suivis une route, je longeai des bois de pins où se dressait, de-ci, de-là une maison endormie. Comme ma vie avait été vaine ! Comme j'avais perdu du temps ! Mais à quoi aurais-je mieux employé ce temps ? A me perfectionner ? N'était-ce pas de l'égoïsme ? A aider les autres ? Est-ce qu'ils n'étaient pas enfermés dans leurs carapaces orgueilleuses, inaptes à recevoir ?

Les étoiles étaient fixées à une hauteur prodigieuse. La beauté était écrasante. Assurément, je n'en avais pas assez joui pendant ma vie. Les lettres à écrire me paraissaient moins urgentes. Je m'étais souvent étonné du petit remous que faisait la mort de quelqu'un dans la profondeur des cœurs. Les plus aimés n'étaient aimés que peu de temps. J'avais connu une amante possédée d'amour qui s'était jetée en hurlant dans la fosse où on venait de descendre le cercueil de celui qu'elle adorait. On avait été obligé d'employer la force pour l'entraîner et elle avait mordu un de ceux qui s'employaient à cette tâche. Une semaine, une seule semaine après, elle dansait dans un restaurant de nuit. Et les exemples analogues étaient innombrables. L'essence de nos liens affectueux est sans consistance.

Les morts vont vite, dit-on pour peindre cet oubli rapide. Ils vont tout doucement. A travers le rêve qui les enveloppe, ils mendient désespérément une pensée d'amour. C'est nous qui les fuyons par le silence glacé de notre âme.

Je suivais la marche de mes lettres quand elles seraient écrites. Je voyais le facteur les déposer chez des concierges. J'étais témoin d'émotions sincères, mais courtes. Toutes mes puissances d'adieu n'arrivaient pas à interrompre les heures de repas, celles des promenades, à changer le rythme banal de la vie. D'ailleurs, c'était bien ainsi. N'avais-je pas dit fréquemment que la mort devait être un sujet de réjouissance puisque celui qui mourait passait à un état meilleur. On est illogique. J'aurais voulu être sûr de ne pas être compris, sûr d'être regretté avec les manifestations ordinaires du chagrin.

Et alors, je perçus la véritable puissance de la vie et combien la proximité de la mort impose une trahison de soi-même. On redescend au moment de mourir dans la racine de son être, là où il n'y a que d'aveugles instincts. Les pensées supérieures qu'on a mis des années à faire éclore ne sont plus rattachées à vous, elles vous quittent et l'on repasse à travers toutes les formes de sa médiocrité jusqu'à n'avoir plus en soi que la primordiale poussée du germe.

Ce qui me conduisait en ce moment sur ce chemin, c'était une avidité de jouissance dernière, l'amour de l'air pur, des petits jardins, des pins parfumés. Ce qui me faisait marcher vite, c'était la peur, une peur inavouée de mourir. Je voulais échapper à ce qu'avec toute ma raison, je concevais comme bienfaisant et désirable. Et cette peur m'avait fait voir la mort sous le plus puéril des aspects. J'eus honte de moi. Je revins sur mes pas. Moins vite, d'ailleurs.

Les bateaux étaient très loin sur la mer. La nuit avait l'air de se décolorer. Un homme maigre marchait le long du port portant sur son épaule une ligne pour pêcher.

Était-ce la mort sous un aspect plus humain, la mort qui allait se contenter d'un poisson?

Je me dirigeai vers mon hôtel. Mes facultés normales étaient à peu près revenues. Je renonçai à toute rédaction de lettres. Un article de journal me revint à la mémoire. Il relatait les expériences de métapsychistes courageux qui s'étaient faits pendre pour analyser la sensation de la mort. Revenus à eux, ils avaient déclaré à leurs collègues que «lorsque le nœud coulant s'était tendu ils avaient été éblouis par une vive lumière et assourdis par un bruit de tonnerre». Or, je ne percevais que le brouillard gris du matin et le bruit d'une trompe d'auto, très loin, sur une route. Je n'étais donc envahi par aucun signe précurseur de la mort. Louange à la mort puisqu'elle était repartie!

Dans ma chambre, je jetai un regard méfiant près de la fenêtre. Il n'y avait plus de rayon de lune, plus de squelette, plus de faulx. Alors, je m'attristai sur moi-même.

— Que mon âme soit délivrée de la crainte! Qu'elle ne laisse pas tomber les quelques cailloux blancs ramassés dans le désert, les cailloux blancs de la sagesse, pour fuir une image qu'elle a enfantée! Que mon âme n'ait pas peur de ses rêves! Même si l'incorruptible déesse, pour annoncer sa présence, prenait une forme d'ossements, même si elle tenait une faulx comme symbole de la destruction des corps, il faudrait sourire de sa présence. La mort accorde des délais à ceux qui en demandent, s'ils invoquent d'habiles prétextes, des devoirs à remplir, des tâches à terminer. Que mon âme se garde de demander un délai ! Il faut suivre la mort avec tout ce qu'on a aimé, sans abandonner une idée, sans laisser tomber un caillou blanc. L'âme doit être comme un bon maître qui au moment de changer de séjour réunit tous ses serviteurs pour qu'ils l'accompagnent là où il s'en va. Que penserait-on du maître qui laisserait derrière lui une servante parce qu'elle aurait un trop beau visage ? Que mon âme soit délivrée de la crainte !

Prévision de la Mort de Tous

Des savants Polonais ont récemment étudié le cas d'un de leurs compatriotes qui, en présence d'un autre peut, sans aucune erreur, indiquer le jour et l'heure de sa mort. Ses prévisions s'étendent sur des semaines et sont indubitablement établies. Son procédé de connaissance est dans l'odorat. Je ne me connais pas de don analogue à celui de ce Polonais à l'odorat perfectionné. Aucun institut métapsychique n'a eu à étudier mes facultés suprasensibles, vu que je n'en possède pas. Pourtant je perçois avec certitude la mort de la société dans laquelle je vis.

Je ne peux pas dire que ce soit avec le sens de l'odorat que j'ai cette perception, bien que les entrailles des villes dégagent par leurs égoûts une monstrueuse odeur de pourriture. Je n'entends pas marcher la mort derrière moi quand je me promène par les rues. Ma perception vient d'un sens dont je ne me rends pas compte et qui est plus subtil que l'odorat ou que l'ouïe.

La connaissance de la mort ambiante s'est manifestée d'abord à moi par une inquiétude de mes nerfs et une vague angoisse. Ensuite, cela s'est transformé en pitié pour tous les êtres que je voyais parce que j'avais le sentiment du caractère périssable de tout ce qui les occupait. Je haussais les épaules en voyant l'importance qu'ils attachaient à des œuvres dont ils ébauchaient le commencement et dont ils ne verraient pas la fin. Je fus souvent tenté de les prévenir, mais arrêté au moment de le faire par la pauvreté des raisons que je pouvais donner et la mauvaise opinion qu'on aurait de moi. J'ai fini par m'accoutumer à vivre dans des maisons de courte durée, lisant des livres destinés à tomber en poussière, parmi des créatures qui ne connaîtraient pas la vieillesse.

J'ai douté de l'exactitude de ma perception. Je me suis demandé si je ne m'étais pas trop longtemps penché sur le problème de la mort et si cela n'avait pas déterminé en moi une sorte d'obsession. Je me suis rappelé que l'occultiste Eliphas Levi avait raconté, dans je ne sais lequel de ses livres, qu'après une étude approfondie de la mort, il était tombé dans un état de mélancolie profonde qui l'avait presque conduit au suicide. Il attribuait cela à la présence de fantômes et de larves errantes dont son atmosphère était remplie.

Un de mes amis, rencontré récemment, m'a raconté que pour avoir, d'une façon trop continue, pensé à la mort, il avait eu aussi des pensées de suicide, afin d'en finir avec cette crainte.

Il n'en est pas de même pour moi. Aucune larve ne m'enveloppe de ses replis. Aucun fantôme — et je le regrette — ne vient me visiter. Je n'ai eu qu'une seule fois, en me réveillant brusquement, la sensation d'une mort prochaine et cette sensation était un effet du sommeil et d'une terreur irraisonnée, plus qu'un pressentiment. Tandis que ma prévision a un caractère extérieur. Elle m'est apportée par les êtres et les choses que je vois et je discerne une concordance entre cet apport et le rythme de ma vision intérieure.

Comment viendra cette mort de la société? Je n'en ai aucune idée. Sera-t-elle due à un bouleversement géologique?

Se produira-t-elle à la suite d'une guerre dont la durée et le caractère terrible suffiront à anéantir les formes actuelles de la vie? Y aura-t-il, comme il y en a déjà eu dans l'histoire, un pullulement brusque des peuples asiatiques et ces peuples passeront-ils sur l'Europe et sur Paris, comme ils sont passés jadis sur la Perse et sur Bagdad. Le Bolchévisme conquerra-t-il le monde et la transformation qu'il lui fera subir pourra-t-elle s'appeler destruction. Je n'ai pas la moindre indication à cet égard.

J'ai pensé à plusieurs reprises que l'état d'angoisse collective dans laquelle vivent les hommes autour de moi par suite des difficultés nouvelles de la vie, avait pu me communiquer ce sentiment de la mort de tous. Mais il aurait fallu que cette angoisse me fût communiquée à mon insu, car personnellement je ne l'éprouve pas, soit par ignorance de ses causes, soit par indifférence naturelle, soit par résignation aux événements.

J'ai noté que mon pressentiment d'une mort collective était plus net et avait la force d'une certitude, les rares fois où il m'est arrivé de m'asseoir dans un dancing. La danse, tout au moins la danse conventionnelle qu'on danse aujourd'hui, trahit ceux qui s'y adonnent. Elle permet à la stupidité de chacun et à sa prétention native, masquées d'ordinaire par l'attitude ou l'expression du visage, de s'exhaler en toute liberté. Lorsque je constatais avec tristesse quelle concentration de médiocrité était une salle de dancing, ma tristesse était aussitôt accompagnée du sentiment que les gens qui s'agitaient devant moi, n'avaient que peu de temps à vivre, tout au moins de cette manière et que par conséquent ils avaient raison de jouir de leurs derniers plaisirs. Ce sentiment m'était confirmé par tous leurs gestes. Chaque danseur avait l'air de savoir que l'orchestre allait être interrompu par un tocsin de mort. J'étais témoin d'un étrange bal funèbre.

Je dois dire, pour être sincère, qu'il y a peu de temps, j'eus une sensation analogue, au moment où un de mes amis partait pour l'Amérique. Je fus tenté de le détourner de ce voyage en l'assurant que les catastrophes qui allaient survenir incessamment l'empêcheraient de rentrer en France. Je n'en fis rien, trouvant que ma prévision reposait sur des bases trop fragiles. Comme j'eus raison ! Mon ami partit et revint en toute tranquillité, ayant fait de profitables affaires et la seule catastrophe qui survint n'eut aucun caractère mondial et fut une grave maladie dont je fus atteint.

Mais cela ne diminue que partiellement la valeur de ma prévision. Elle demeure pour moi un fait et un fait qui se renouvelle. Ce n'est pas non plus un argument contre elle que des mois se soient écoulés sans qu'aucun signe précurseur de mort n'ait apparu. Les prévisions ne peuvent mesurer le temps. Si un individu isolé dégage une odeur de mort, qui peut être sentie par un Polonais quelques semaines avant, ce doit être quelques années avant qu'une société qui comprend une foule d'individus laisse transparaître, dans son atmosphère, l'avant-goût de sa fin.

Si on examine en particulier la chair d'une créature, on ne voit aucune teinte marbrée indiquant la décomposition. Si on considère les pierres compactes qui constituent l'ossature d'une église, on les trouve solides, unies par le ciment, pleines de cohésion. Les ascenseurs des hôtels montent régulièrement, les trains circulent sur leurs voies, les gens vont à leurs affaires, la vie est dans sa plénitude apparente. Mais il y a peut-être un découragement secret, une diminution de l'ardeur, une lassitude intérieure, comme si un avertissement avait été donné à toutes les âmes, sans qu'elles s'en rendissent compte. Et peut-être est-ce ce mot d'ordre sans syllabes que j'ai perçu.

Il faut remarquer d'ailleurs que je ne suis pas le seul à avoir la prévision d'une catastrophe prochaine. Un astrologue anglais a annoncé l'invasion par la mer, de tout le nord de l'Europe, et l'effondrement d'une grande partie de l'Angleterre sous les eaux. L'année 1933 est dénommée l'année de feu par un groupe qui s'est formé à Paris dans le but d'une entraide spirituelle au moment de la terrible crise matérielle que va traverser l'humanité. D'autres astrologues et d'autres voyants sont d'accord pour affirmer que cette date marquera, pour les hommes d'occident, un redoutable tournant. Bien entendu, toutes ces annonciations peuvent n'être que des rameaux modernes de ce grand arbre de terreur qui est monté à travers les âges et a toujours fait fleurir une attente de fin de monde dont le parfum doit être un besoin de la nature humaine, puisque tant de gens s'en enivrent.

Je crois personnellement que la destruction de notre société, comme la destruction de tout ce qui pourrit en continuant à vivre, serait un grand bien pour les hommes bons et vertueux qui en font partie. L'expression de l'effort humain actuel est la machine. Or, la machine mue en laideur tout ce qui est beauté. L'essence de tout désir est la richesse. Or la richesse est le symbole de la matière et de sa jouissance. L'élan de la société est rétrograde et il entraîne malgré eux ceux qui ont conservé dans leur cœur un fragment d'espoir spirituel. Bonté et vertu ne peuvent plus s'exprimer qu'imparfaitement dans la laideur et dans le mal. L'attraction de la laideur et du mal est puissante parce qu'elle s'exerce avec les objets familiers, les petits plaisirs de la vie quotidienne.

Ceux qui méritent de ne pas être perdus, risquent de se perdre sans y penser.

D'ailleurs quand on n'a pas atteint un degré de développement avancé on a intérêt à changer fréquemment de corps. Le grain de perfection que l'on récolte dans chaque vie est surtout récolté pendant la jeunesse. Les hommes se figent rapidement dans le cadre de leur situation et de leur famille. Ils prennent leurs intérêts et les intérêts de leurs proches pour un noble idéal. Bien rares sont ceux qui, en vieillissant, entrevoient la vérité et la cultivent. Plus on s'incarne fréquemment et plus on a de chances de trouver l'incarnation où la lumière apparaîtra.

Puis, comment ne pas penser sans frémir d'espérance à un temps où les routes se dérouleront sans être troublées par des passages d'automobiles, où les moteurs périront sous la rouille, où les appareils de télégraphie sans fil laisseront tomber leurs bras dans les cieux, où les aéroplanes morts ne déchireront plus l'azur, où les forêts recommenceront à croître, où les hommes, fuyant les tourmentes qu'ils ont déchaînées, chercheront des abris sous les arbres et dans les pierres et y retrouveront peut-être la sagesse qu'ils ont perdue !

C'est à la suite d'une grande douleur qu'un individu rentre en lui-même, change de vie, devient meilleur. Ainsi une catastrophe collective sera pour tous un vaste moyen de purification.

Puissent les signes de la destruction être véridiques, les astrologues avoir bien calculé, les voyants avoir bien vu, mon humble intuition avoir pressenti avec exactitude !

Le Choix

Bien avant la minute de sa mort, il faut avoir fait un choix, un choix d'une grande importance qui doit être fait dans l'état humain et détermine des suites sans fin de conséquences. Il faut l'avoir fait avant la minute de sa mort parce que cette minute peut survenir brusquement et l'on n'a alors la possibilité que de se saisir à la hâte de deux ou trois idées. Ces idées doivent, naturellement, avoir été rendues étincelantes depuis longtemps pour être visibles malgré la précipitation et l'obscurité.

On a dû faire un choix irrévocable entre les deux courants qui orientent les âmes humaines, entre le courant d'amour et celui d'égoïsme, entre le bien et le mal.

Le Bouddhisme primitif dit, qu'outre les formes inférieures et la forme d'homme, on a la possibilité de se réincarner soit dans la forme de Déva, soit dans celle d'Asura. L'Asura est l'être qui, ayant goûté les jouissances de l'égoïsme veut les perpétuer. Il veut fortifier de plus en plus sa personnalité, la faire jouir davantage en tant qu'organisme séparé. Il aspire à une vie toujours plus distincte. Il retarde dans la mesure de ses moyens le mouvement vers l'unité de l'esprit. Le Déva, au contraire, a saisi, pendant son passage dans l'état humain, l'orientation naturelle du monde. Il sait que la loi pousse toutes les créatures, par l'expansion de l'amour, vers l'unité de l'esprit.

Entre ces deux courants divergents, l'homme doit opter. La force d'expansion est le bien, la force de condensation ou d'égoïsme est le mal. Le mal n'est que la résultante de l'effort accompli par tous les êtres qui ne veulent pas se résigner à obéir à la force spiritualisante du monde et s'obstinent à demeurer dans le courant de matérialisation.

L'erreur est bien compréhensible. L'on dirait que la nature a voulu se jouer de ses créatures. Pendant des âges sans nombre, la loi a été pour ces créatures, de devenir plus parfaites dans l'ordre matériel, d'acquérir des organes de plus en plus compliqués où puissent s'exprimer des âmes de plus en plus personnelles. Mais à un certain degré de réalisation, la loi change. Le courant est spiritualisant. Les êtres n'ont conquis leur personnalité que pour l'abdiquer. Après avoir aspiré à la séparation, séparation qu'ils ont poursuivie par l'impitoyable combat de la lutte pour la vie, ils doivent aspirer à l'union par l'amour. Ceux qui sont rebelles à cette loi sont ceux qui ont opté pour le mal, pour la durée de l'être qu'ils ont créé à travers d'innombrables passages d'incarnations.

La plupart des hommes ont traversé la vie sans avoir connaissance du problème. Ils ont été partagés entre des courants d'altruisme et des courants d'égoïsme. Mais quelques-uns ont mesuré le bonheur ou le malheur qu'on pouvait atteindre en suivant la loi cosmique ou en entrant en lutte contre elle, et ils ont choisi le développement à outrance de leur personnalité. Or, la volonté humaine peut dans une certaine mesure contrarier la force de la loi cosmique. Ces hommes qui ont cultivé la magie de la volonté mènent souvent une vie ascétique et ont renoncé aux ambitions sociales au même titre que les sages et que les saints qui suivent la voie divine. Ce ne sont ni des pervers, ni des mauvais au sens courant du mot. Ils ne feraient pas le mal pour le mal. Mais leur principe intérieur étant la suppression de l'amour, ils détruiraient sans aucune pitié tous ceux qui s'opposeraient à leur développement.

Ces orgueilleux parfaits, ces égoïstes conscients, bien qu'assez nombreux sont difficiles à reconnaître dans la la vie. On ne voit que la multitude de leurs imitateurs inconscients. Actuellement, tous les hommes agissent comme s'ils avaient, de propos délibéré, opté pour le mal. Il semble qu'un mot d'ordre insensé ait circulé à travers la planète. Chacun s'efforce de détruire en lui la force expansive de l'amour.

Cela ne fera vraisemblablement qu'augmenter. La raison en est facile à comprendre. Depuis le commencement du monde beaucoup d'hommes ont connu que la sagesse était d'échapper à la réincarnation et ils ont appris les méthodes qui permettaient de ne plus rentrer dans la forme d'homme, sujette à la douleur. Les meilleurs quittent donc la terre pour toujours. Si ces cœurs purs, qui se sont élevés vers l'amour divin étaient revenus, nous les retrouverions et nous constaterions une amélioration sensible de l'humanité. Mais nous ne les retrouvons pas. Au contraire,

ceux qui ont développé des vertus d'ordre matériel, des vertus engendrées par le goût de la jouissance et du bien-être, sont plus nombreux
que jadis. De même, les hommes remarquables parle courage physique
vont en augmentant et ces hommes ont une place de plus en plus grande,
ils sont de plus en plus admirés. On trouve plus de héros prêts à faire
le sacrifice de leur vie pour la famille, pour la société, pour la patrie,
c'est-à-dire pour des intérêts ayant un caractère collectif. C'est qu'ils se
réincarnent d'autant plus vite étant d'autant plus enchaînés au groupe
pour lequel ils se sont sacrifiés.

Au contraire, les héros spirituels ne reviennent pas parmi nous, ou s'ils
reviennent, c'est de façon tout à fait exceptionnelle. Aussi l'humanité,
privée de hauts exemples d'amour, devient de plus en plus matérielle et
cette matérialisation ne fera que s'aggraver.

Le choix pour la voie spirituelle, la voie des Dieux est d'autant plus
urgent. Il sera de plus en plus difficile. Il viendra probablement un moment où les deux voies ne pourront plus se distinguer, où il n'y en aura
plus qu'une, celle de l'égoïsme, et où l'autre apparaîtra comme une aberration dangereuse que les sociétés se croiront obligées de punir.

Le choix doit être fait sans équivoque et d'un cœur sincère. Il comporte une alliance avec les Dévas auxquels on rêve de s'unir et un renoncement à la partie de soi-même dont les aspirations sont terrestres.
Ce renoncement semble d'abord très douloureux parce que l'on croit
renoncer à un inestimable trésor. Il faut se connaître assez pour savoir
à quoi l'on renonce.

Connais-Toi Toi-Même

Connais-toi toi-même : dit la sagesse des anciens Grecs.

Lorsqu'un pèlerin, dans l'espoir de découvrir la vérité, arrivait à Delphes et se présentait au seuil du temple, il était conduit devant le plus ancien des prêtres d'Apollon. Celui-ci le regardait bien en face. S'il reconnaissait en lui un ordinaire chercheur de vérité, il lui demandait des offrandes, le faisait se prosterner devant des statues ou respirer les exhalaisons des herbes sacrées. Mais s'il voyait dans son regard la lumière de l'intelligence il se contentait de lui montrer l'inscription gravée sur le fronton du temple : Connais-toi toi-même. Et si le pèlerin comprenait et si, reprenant son bâton, il s'apprêtait à s'éloigner alors le vieux prêtre se prosternait devant lui et baisait ses sandales.

Ce dernier cas devait être infiniment rare. Il me semble que si j'étais parti de Toulouse vers Delphes pour apprendre la sagesse, même si j'avais été frappé d'illumination devant la formule : Connais-toi toi-même ! je ne m'en serais pas allé silencieusement, j'aurais voulu voir le temple dont la splendeur était grande, contempler les pures formes des statues, goûter l'ivresse des herbes sacrées, et même si j'avais pu, poser une question à la pythie, une question dont j'aurais su la réponse, pour m'assurer par ruse de son caractère véridique. Ce n'est qu'après, assis solitaire dans la campagne, que j'aurais médité sur la parole essentielle.

Ainsi doit-on faire. Il faut regarder les statues et même les toucher pour savoir si elles sont de marbre massif, ou d'un stuc, creux à l'intérieur. Il faut s'enivrer avec les herbes de la terre, surtout si elles sont préparées par les hommes préposés au temple car elles permettent certaines élévations spirituelles qu'on n'obtient que grâce au génie des plantes. Il faut interroger l'oracle, car il y a un enseignement soit dans son mensonge, soit dans sa vérité. Il faut après regarder en soi-même.

Le premier geste de celui qui veut apprendre à se connaître est de se regarder dans une glace. C'est une grande leçon. Il faut regarder avec le parti pris de s'y voir et pour cela regarder assez longtemps. Lorsque j'ai fait cette expérience, j'ai vu un homme avec des cheveux beaucoup plus gris que ceux que je me supposais. Ces cheveux retombaient mollement, comme s'ils regrettaient leur vitalité perdue. C'était une pauvre chevelure. J'ai vu des yeux bizarrement fixes dont l'un avait moins d'éclat que l'autre, des yeux dépourvus de cette belle certitude qu'on voit dans les yeux des hommes qui ne pensent jamais. J'ai vu un sourire affecté dont l'ironie volontaire cachait la détresse.

Et derrière ce personnage beaucoup plus vieux que je l'avais pensé, il y en avait un autre qui apparaissait, à travers une buée, comme son double évanoui. Celui-là était charmant, mais si jeune ! Ses cheveux étaient longs et solides et avaient une coupe romantique. Son regard était étincelant et rempli d'une foi enfantine. Il y avait dans son sourire émerveillé l'allégresse de la réussite. De son visage déjà sculpté par le désir, se dégageait la confiance dans la bonté des hommes et l'amour de la vie.

Qu'est-il devenu cet ancien jeune homme, avec son goût de la poésie, des femmes et de quelque chose de confus auquel il donnait au petit bonheur le nom d'idéal ? Il a disparu. C'était peut-être le meilleur de tous les êtres dont j'ai eu successivement la forme. Et que sont devenus ceux qui l'ont précédé et l'ont suivi ? L'enfant que j'ai été est mort. Le jeune homme que j'ai été est mort. L'homme mûr que je suis mourra à son tour par la dernière transformation de la vieillesse. Il ne reste que ce contour, dans cette buée, au fond du miroir. Toutes les créatures que j'ai été ont pris leur place dans une succession de fantômes dont je résume la chaîne perdue.

Connais-toi toi-même ! Par quoi suis-je différent des autres ? Par quels défauts spéciaux, par quelles qualités minuscules dont les nuances font ma couleur propre ?

Je suis quelqu'un qui aime entendre le bruit de ses pas sur un chemin désert, quand le soir est doré et que la terre est aromatique. Mais il faut que le chemin soit dans une certaine région très limitée, au sud de la France, entre les monts des Maures et la Méditerranée.

Je suis quelqu'un qui aime rester étendu sur un tapis, un tapis arabe de préférence, regardant tourner la fumée de sa cigarette et inventant de beaux visages qui n'existent pas.

Je suis quelqu'un qui aime caresser la nuque d'une femme qui rêve, à cause de la mystérieuse tiédeur de vie qui s'en dégage.

Je suis quelqu'un qui aime lire des livres où sont retracés de grands voyages et des aventures dangereuses dans des pays où il n'ira jamais.

Je suis quelqu'un qui regrette de ne pas avoir rencontré un chien, intelligent entre tes chiens ou un autre animal ami de l'homme, comme le serpent ou l'éléphant, qui lui aurait témoigné cette loyale amitié dont seuls les animaux sont capables.

Je suis quelqu'un qu'émeut la beauté, celle des corps féminins, celle des arbres qui s'élèvent, celle de certains arrangements de mots.

Je suis quelqu'un qui voudrait comprendre pourquoi l'univers existe, pourquoi l'homme naît et pourquoi il meurt.

Je suis quelqu'un qui n'a jamais pu perdre sa faculté première d'étonnement, qui a traversé la vie, étonné, et qui mourra sans doute étonné.

Et après ? Que suis-je encore ? Presque rien d'autre.

L'Abime du Doute

— Ô mon Dieu ! pourquoi m'avez-vous abandonné ?

Il n'est pas de plus terrible parole. Si celui qui fut après le Bouddha un des hommes les plus parfaits que l'humanité ait connu, a douté, s'est senti abandonné, au moment où il était tout à fait proche de la mort, c'est qu'il n'avait pas de certitude absolue. Le supplice de la croix, malgré le sang des mains et des pieds, permettait au supplicié de subsister trois jours dans l'agonie. Il semble que la mort vînt pour Jésus au bout de trois heures. Il allait donc atteindre ce royaume du Père qu'il avait si souvent promis aux élus, ce royaume du Père qui est le Nirvana des Bouddhistes. Il aurait dû déjà l'entrevoir. Quel que soit le tourment de la chair, il aurait dû être exalté par la proximité de l'état divin. Et il s'est écrié : Pourquoi m'avez-vous abandonné ?

Confucius et le Bouddha ont également exhorté ceux qui croyaient en leur science à ne pas s'occuper de ce qui se passerait après leur mort. N'avaient-ils donc pas de certitude ? Envisageaient-ils une possibilité que leur croyance vînt à les trahir ? Socrate, d'après l'Apologie, a dit à ses juges : « De deux choses l'une, ou la mort est l'entier anéantissement ou c'est le passage dans un autre lieu ». Il ne considérait donc pas l'hypothèse de l'anéantissement comme invraisemblable ! Il l'examinait aussi sérieusement que celle de l'immortalité de l'âme !

Des philosophes qui se sont penchés toute leur vie sur le problème de la mort, comme Epicure, comme Zenon et leurs disciples, n'ont pas cru à la vie future. Lucrèce a affirmé que l'âme intimement liée au corps était mortelle comme lui. « Quand je ne serai plus, tout sentiment aura péri en moi », dit Cicéron. « La mort nous consume et ne laisse rien subsister de nous », dit Sénèque. « Il n'y a pas de petit garçon ni de vieille femme assez sots pour croire ce qu'on raconte d'une autre vie », dit Juvénal. D'après Pétrarque, voici ce que l'on croit à Avignon dans l'entourage du pape : « Le monde futur, le jugement dernier, les peines de l'enfer, les joies du paradis sont traités de fables absurdes et puériles.» «Nous pouvons faire beaucoup de conjectures à notre avantage et avoir de belles espérances, mais non aucune certitude», dit Descartes.

Et les épitaphes que l'on lit sur les pierres retrouvées attestent que les simples particuliers, qui n'étaient ni philosophes, ni poètes, ont douté dans tous les temps et douté avec assez de force pour vouloir que leur doute fût gravé sur la stèle de leur tombeau.

«Dans l'Hadès, dit l'une, on ne trouve ni Charon, ni Eaque, ni Cerbère. Nous tous que la mort y envoie nous ne sommes qu'ossements et cendres.»

«Mort pour l'éternité dit une autre, je ne dirai ni mon nom ni mon père, ni mes actions. Je suis un peu de cendres, rien de plus, et jamais je ne serai autre chose. Mon sort vous attend.»

«L'Amenti est le pays du lourd sommeil et de l'obscurité, séjour de deuil pour ceux qui l'habitent.»

Ainsi le doute est apparu de tout temps et il a occupé la même place que la foi. Une foule d'hommes ont regardé sincèrement ce qu'ils étaient en réalité. Ils ont reconnu qu'ils étaient si peu de chose qu'il était impossible que ce peu soit éternel. Ils ont pensé que la mort était un acte de destruction définitif.

Le doute a la forme d'un abîme. L'âme, quand il se présente à elle, voit soudain une profondeur qui se perd dans les ténèbres. Mais ce n'est pas soi qui tombe dans cette nuit inattendue. Ce sont les êtres aimés auxquels on avait prêté une vie divine, les belles idées sur lesquelles on s'appuyait comme sur des épaules de jeunes femmes. On voit s'effacer tout ce qui vous était cher, il n'y a plus rien et l'on reste dans une solitude désespérée, devant un néant qui vous épouvante sans vous détruire.

Je me suis tenu quelquefois au-dessus de l'abîme. Je n'étais pas allé à lui. Il s'était creusé sous mes pas. Je n'ai eu que le temps de concevoir ses ténèbres et il a disparu. Il est des hommes moins favorisés qui l'ont sans cesse devant eux. Ils n'y tombent tout de même pas. Ils demeurent joyeux et contents de la vie, malgré la proximité de cet abîme.

Mais tous les doutes de la terre ne prouvent rien. Il est normal que l'homme fait de matière, qui ne voit que la matière, n'attribue de réalité qu'à la preuve matérielle. Avec une mystérieuse et savante habileté, la nature s'est arrangée, pour qu'un triple voile recouvrît l'existence de la vie future. Elle a voulu que le secret soit comme une prime à une certaine qualité de sagesse. Chacun a dans sa conformation spirituelle une faculté de croire ou de ne pas croire qui est en dehors de l'intelligence. Mais chacun peut acquérir la faculté de croire qu'il ne possède pas. Chacun peut reculer, puis supprimer l'apparition de l'abîme. Il ne doit pas le faire par la méthode de stupidité prescrite par Pascal, par l'eau bénite, par l'obéissance aveugle aux rites et en disant : Qu'est-ce que je risque ?

Il n'y a pas de mystère que l'on doit croire et que l'on ne doit pas comprendre. Le Bouddha recommandait à ses disciples de ne rien croire, même de ses propres paroles, si leur raison ne reconnaissait pas comme valable ce qu'il disait.

L'abîme de la foi est aussi profond et plus redoutable que celui du doute, parce qu'il est plus attirant. De lui s'échappe un parfum, qui a un relent d'église, mais qui invite à un sommeil béat où la pensée n'a plus aucune part. L'épithète d'aveugle dont on fait souvent suivre le mot foi est significative. On n'y voit pas dans cet abîme et si on y chante des hymnes, on n'en connaît pas le sens.

D'ailleurs l'abîme du doute et l'abîme de la foi se confondent à une certaine profondeur. Il suffit de descendre très loin.

Celui qui par la voie étroite de la méditation s'enfonce dans les eaux mortes de l'âme où il n'y a plus de courants, dans les silencieuses étendues où le soleil de la terre n'est plus qu'un reflet gelé, entrevoit un temple aux colonnes immortelles qui tire sa lumière de sa propre substance. C'est le temple de la certitude où les pensées de chaque sage brillent comme des cristaux superposés, où chaque homme qui doute a tracé un signe avec ses larmes. Sa géométrie est parfaite comme les lois du monde. Toutes les figures des Dieux sont inscrites dans ses architectures. Il repose dans les incommensurables profondeurs de l'âme et comme les coraux fantastiques du monde sous-marin, les vérités primordiales croissent autour de lui. Il est parfait comme le nombre, harmonieux comme la musique, lumineux comme la vérité démontrée. Il se tient immobile dans les ténèbres des océans intérieurs.

La Sœur Secrète

Chacun de nous vit côte à côte avec une sœur au visage divin, une sœur secrète dont il ne connaît pas le sourire, dont il n'a pas effleuré la robe, dont il ne sait pas l'existence. Nous pourrions être consolés par elle quand nous souffrons. Nous pourrions être guéris du mal de la solitude, grâce à sa présence. Mais nous ignorons qu'elle est la. Cette sœur est la partie de notre âme qui demeure cachée.

La nature a voulu qu'une portion de l'univers reste invisible pour nous. Nous ne percevons avec nos sens que la matière physique. Mais il y a des plans plus subtils d'existence que nous ignorons. De même, nous ne connaissons de notre âme que le faible fragment éclairé par la conscience. L'homme n'a peut-être pas d'autre moyen pour se perfectionner que d'apprendre à voir ce qui est invisible.

Il faut découvrir le visage de la sœur divine. Lorsqu'on l'a découvert une fois par une expérience merveilleuse, on est tellement joyeux de cette découverte, que le doute meurt de lui-même et que la mort devient ce qu'il y a de plus désirable. Car la mort nous conduit à l'identification avec notre âme cachée. Mais pour que cette identification soit consciente dans l'au-delà, qu'elle ait son plein effet, il faut que l'expérience en ait été réalisée auparavant dans le monde des causes, c'est-à-dire de notre vivant.

Pour découvrir son âme, la sœur éternelle, les saints, les mystiques ou les simples philosophes ont indiqué mille méthodes de méditation. Toutes sont aussi inefficaces les unes que les autres ? Une méthode ne vaut que pour celui qui l'a trouvée. La prière adressée avec ferveur à un Dieu quelconque est une préparation à la découverte de l'âme. Mais celui qui prie sans connaître exactement le but peut n'arriver qu'à un dessèchement du cœur par l'absence de résultat. L'ignorant qui prie éternellement, ne fait que se préparer éternellement. Il prend quelquefois le moyen pour le but. Il peut quelquefois être conduit vers la voie contraire par sa propre exaltation. Certains hommes favorisés arrivent tout de suite à l'expérience, comme s'ils étaient touchés par une grâce spéciale. Le poète Tennyson a raconté qu'il l'obtenait, presque à volonté, en répétant durant quelques minutes les syllabes de son nom. Plotin, ayant scruté durant toute sa vie les problèmes de l'origine des choses et de la vie future, n'y arriva qu'à trois reprises. Beaucoup de mystiques hindous, beaucoup de saints catholiques, ont dû atteindre par l'extase la connaissance divine et ne l'ont raconté à personne.

La caractéristique de l'expérience est qu'elle nous fait sentir que nous sommes éternels par le lien qui nous unit à l'âme divine : or, peut-être ne sont éternelles que les âmes qui se savent éternelles. Peut-être les autres déterminent-elles leur propre anéantissement par leur ignorance et leur négation.

Mais comment arriver à faire l'expérience qui donne la joie, l'expérience libératrice ? S'il y a une grâce spéciale, comment l'acquérir ? Je sens qu'il serait vain pour moi de répéter les syllabes de mon nom. C'est une méthode étrange qui ne doit être valable que pour le seul poète Tennyson. Faut-il attendre que quelque Déva vienne, par amitié, chuchoter des paroles à voix basse, ou tracer un signe indicateur, parmi l'obscurité de la rêverie ? Souvent, j'ai pensé être l'ami d'un Déva. J'ai entendu des paroles voilées, distingué confusément des signes. Mais il n'y a de vraie formule que celle que l'on trouve, de science certaine que celle que l'on apprend en lisant sur son livre intérieur.

Vivekananda conseille, pour atteindre l'état humain le plus élevé, d'imaginer un lotus d'or placé à quelques centimètres de sa tête et de fixer par la méditation sa pensée sur lui. Il conseille aussi de se représenter une flamme qui brûle à la place du cœur en pensant que cette flamme est votre propre âme. Dans cette flamme, il y aura un flamme plus éblouissante, qui sera l'âme de votre âme, son essence divine. J'ai modifié dans le sens de mes habitudes idéales, l'indication de Vivekananda et j'ai remplacé la flamme éblouissante par le visage parfait de la sœur inconnue. Car celui qui, au cours de sa vie, a placé la plus grande beauté dans un visage féminin doit se servir de ses anciens rêves pour atteindre le rêve le plus haut.

Il fut un temps où je croyais qu'il était nécessaire d'habiter un ermitage, de rompre avec son genre de vie et d'appeler dans la solitude la venue de l'extase. Je pense maintenant que la vérité doit pouvoir se glisser en tout lieu, au milieu des hommes les plus vulgaires, parmi les occupations les plus quotidiennes. Je me suis résolu à ne rien changer aux habitudes de ma vie ordinaire. J'ai placé dans mon cœur le visage divin et il m'accompagne tout le long du jour.

Lorsque je rentre chez moi, lorsque je pose mon chapeau et que je m'assieds, le soir, sans penser à rien, je sens qu'il est un peu plus précis et je devine ses traits délicieux, son regard posé sur moi avec une inexprimable douceur. J'ai remarqué que lorsque j'avais une cause de chagrin le visage était plus beau, les yeux avaient une lumière plus profonde. Il se voilait au contraire légèrement si j'éprouvais de la joie ayant une cause grossière. J'en ai conclu qu'il y avait un rapport intime entre la beauté intérieure de l'âme et la douleur et que la qualité de la joie éloignait ou rapprochait par la variation de ses nuances la présence de la sœur divine.

Peut-être me faudra-t-il éprouver une grande douleur pour m'identifier avec l'âme divine et avoir conscience de mon éternité. Il n'est pas impossible qu'une grande joie d'amour m'amène au même résultat. Chacun porte en soi une connaissance annonciatrice du sens général de sa vie. Je sais que si j'ai cédé au besoin humain de personnifier mes aspirations, c'est parce que je dois me rapprocher du divin par la contemplation de la beauté.

La sœur dont le visage est apparu dans mon cœur tient une baguette d'ivoire autour de laquelle est enroulé un serpent d'or. Elle a des yeux bleus comme Pallas Athéné, mais elle n'a pas sa forte carrure, ni ses chevilles épaisses, ni surtout son casque. Elle est d'une taille plus moyenne, elle sourit car elle n'est nullement austère, l'enthousiasme est sa qualité dominante. Elle s'appelle beauté, mais elle s'appelle aussi intelligence, elle s'appelle aussi sagesse.

Il viendra un jour où elle se tiendra à côté de moi. Ce sera le jour où j'aurai compris la beauté du monde, la nécessité et l'urgence de la mort par laquelle on se rapproche de cette beauté dont la source est esprit. Ce sera peut-être au cours d'un dîner et je cesserai brusquement d'avoir un mépris déraisonnable pour mes semblables. Au lieu de voir autour de moi des paons vêtus de noir, des oiseaux de proie cachant leurs ongles sous des bottines vernies, des porcs avec des cravates de couleur, je verrai des frères pitoyables s'efforçant d'échapper aux chaînes de l'animalité. Ce sera peut-être dans un autobus. Les anonymes visages ne seront plus muets et clos devant moi. Ils laisseront transparaître des âmes vivantes et familières. Ce sera peut-être au milieu des livres de ma chambre. Toutes les pensées enfermées sous les millions de caractères des feuillets deviendront des réalités animées. Je me sentirai un avec le mouvement éternel de l'esprit. Les meubles, la ville et l'espace m'apparaîtront comme les reflets d'une plus subtile cause première. Par une expansion pleine de joie où ma conscience ne sera nullement annihilée, j'irai d'un bout à l'autre des univers, pénétrant toutes choses, les plus petites comme les plus grandes avec l'aisance de l'amour.

Je ferai cette expérience grâce à la notion réalisée de ce qui fut pour moi la beauté. Je comprendrai alors pourquoi cette beauté s'appelle aussi intelligence, pourquoi elle s'appelle aussi sagesse et que son nom est aussi la mort.

Et je pénétrerai enfin le sens de l'admirable parole du Zohar : La mort est le baiser de Dieu.

Prière pour Ceux qui Appellent la Mort

Tout le monde ne redoute pas la mort. Il y en a qui l'appellent avec une ardeur aussi profonde que secrète. Ils n'en laissent rien voir. Ils accomplissent les rites de la vie, vont dans des bureaux, serrent la main de leurs amis, s'assoient à des tables familiales. Ils ont un visage ordinaire et indifférent. Pourtant, ils attendent et ils espèrent en la mort. Une timidité les retient. Ils n'osent pas violenter la destinée. Au milieu du désordre visible de la nature ils ont peur d'attenter à un ordre mystérieux où ils ont leur place. Et puis, ils se souviennent des malédictions entendues pendant l'enfance, des paroles des catéchismes, de la menace des hommes raisonnables. Et ils supportent la tristesse de la vie.

Mon Dieu ! A cette heure de la nuit, il y a des êtres qui n'ont aucune amitié et aucun amour et qui n'attendent que de la mort une fraternité qu'ils ont toujours demandée et n'ont jamais rencontrée.

Je songe à ces âmes qui ont eu faim de bonté et qui ont eu soif de justice et qui n'ont jamais été rassasiées.

Je songe à ces amantes qui se sont données avec toute leur puissance de don, qui ont été abandonnées et ne savent comment détruire un corps dépouillé de plaisir et jugé indigne d'amour.

Je songe à ces orgueilleux qui ne se sont jamais livrés à personne, qui se sont enfermés dans leur solitude et de qui, seule, la mort pourrait arracher leur sceau de silence.

Je songe à ceux qui ont cherché Dieu et qui ne l'ont pas trouvé, à ceux qui ont appelé et à qui il n'a pas été fait de réponse et qui pensent entendre la réponse et voir Dieu à leur côté, quand la mort viendra.

Je songe à ces familles pauvres qui vont sur le bord des rivières et qui regardent l'eau passer, l'eau où des morts plus courageux descendent doucement, dépouillés du fardeau de leur misère.

Je songe à toutes les filles de douleur qu'on nomme des filles de joie. A tous les hommes qui sont nés sans moyen de défense au milieu de la race des loups. A toutes les créatures de Dieu qui sont les créatures de l'enfer.

Je songe à tous ceux qui n'ont eu ni le pain fait avec le blé, ni le pain fait avec l'esprit, ni le vin fait avec la vigne, ni le vin fait avec le rêve et qui auraient préféré la mort au travail sans repos et au repos sans joie.

Abrège leurs maux, ô rapide ! Viens les consoler, ô douce ! Pose-toi sur leur poitrine, ô légère ! Toi seule donne le pain à l'affamé, le vin au rêveur, l'affection à celui qui est sans frère.

Pourquoi ne réponds-tu pas aux formules d'appel ? Quelle est cette date que tu fixes arbitrairement, toujours trop proche ou toujours trop lointaine ? Es-tu soumise toi-même à une puissance plus haute ou est-ce l'homme qui, par ses actions, a mystérieusement fixé sa destinée ?

Le corps humain est fragile et laid et il est pourtant si difficile de le détruire ! Une majesté intérieure et une étrange possibilité de douleur, cachée dans son sang, arrêtent le bras de celui qui veut se frapper lui-même. Mais combien y en a-t-il, ô mort ! qui te béniraient, si tu arrêtais, sans les consulter, le va-et-vient régulier de leur souffle ?

Ouvre-leur la porte, ô libératrice ! Ce sont les plus faibles et les meilleurs qui mettent leur espoir en toi. Ce sont ceux qu'une noblesse native empêche de faire le mal, ceux qui ont conçu une idée trop haute de la beauté des âmes. Montre-leur la vraie beauté de la vie, ô divine !

Le Vœu

C'est à la minute de la mort qu'il faut posséder la plus grande joie de vivre. Puisse cette parole m'être présente, quand viendra pour moi le petit matin crépusculaire où s'en vont d'ordinaire les agonisants. Les molécules de mon organisme se seront mystérieusement désagrégées. Mais aucune résonance ne m'avertira que l'arrêt de ma vie est fixé dans la secrète horloge qui bat dans mon cœur. Puissé-je avoir une seule claire minute pour me souvenir de la parole et la transformer en lumière !

Je sais que la route inconnue des morts est dirigée vers le soleil levant. Je sais qu'il y a une jeunesse de l'autre vie. Là, on est plus jeune et plus beau parce que la forme se revêt de la pureté de son âme. Puissé-je m'élancer vers cette jeunesse avec la joie de la posséder, sans dévier de ma route pour un adieu impossible, pour un dernier baiser que n'humecterait aucune lèvre !

Je sais que la route connue des morts est dirigée vers la terre ténébreuse. Mon corps s'en ira vers un petit cimetière que j'ai choisi, au sommet d'une colline, parmi les pins amicaux, non loin de la mer. Il subira les transformations terrestres au milieu des pierres chaudes et des bêtes enluminées. Mon âme s'en ira vers le soleil levant.

Qu'alors, ceux pour qui j'ai été peu véridique me pardonnent ! Que ceux que j'ai dépouillés d'un plaisir me pardonnent ! Qu'ils me pardonnent, ceux qui m'ont fait souffrir avec leur laideur, ceux dont l'ignorance m'a semblé plus grande que la mienne ! Puissè-je m'éloigner avec l'amitié des vivants et le bon accueil des morts !

Je sais que le désir de la beauté, les élans artistiques, les dons de soi, sont des qualités qui n'ont leur épanouissement qu'avec l'expansion de l'âme produite par la mort. Puissè-je me donner dans l'allégresse, en étreignant ce qui n'a pas de borne !

Mais je ne consens pas à perdre ce qui a été mon trésor humain. Chacun garde ce qu'il incorpore à lui. Vous qui m'avez aimé tout le long de ma vie, qui m'avez souri avec des visages affectueux, j'emporte vos images éternelles comme le bagage de l'homme imparfait que j'ai été. Vous êtes peu nombreux, mais qu'importe le nombre ! Je suis content de ma part d'amour. Je vous regarderai en cheminant et je vous verrai quelle que soit la densité des ténèbres cosmiques accumulées autour de moi. Je sais que les êtres changent, que les êtres oublient. Je vous empêcherai de m'oublier en vous recréant avec ma fidèle pensée.

Et je fais dès maintenant un vœu et en le martelant avec ma mémoire, en le consolidant avec mon désir, je le rends pareil à une flèche d'âme, aussi lumineuse qu'une étoile, aussi doué d'ailes qu'un oiseau céleste. Que ce vœu me précède comme un guide, portant aux Puissances inconnues mon annonciation.

Il viendra peut-être un moment où je serai malgré moi précipité dans l'incarnation. S'il y a une possibilité d'échapper à cette chute, je m'y tiendrai fortement attaché, comme un homme, sur un mât dans une tempête de la mer, et j'ouvrirai les bras pour attirer à moi ceux que j'aime. Mais si je suis emporté par des courants irrésistibles, si des lois déterminantes me poussent, si je suis appelé par les souffles qui montent des ossements, si, à travers les millions de germes, je suis trop aveugle pour voir, pétri d'une substance trop compacte pour sentir, je fais le vœu d'être jeté parmi les compagnons de l'actuelle vie où j'écris encore ces lignes !

Je fais le vœu de retrouver ceux qui m'ont fait souffrir et ceux qui m'ont aimé, portant leur fardeau de mal et leurs espérances déçues pour que je les allège du fardeau avec mon nouveau courage, que j'abreuve leurs espérances avec la petite goutte de sagesse que j'aurai pu arracher aux ombres !

Je fais le vœu d'être issu du même père et de la même mère, même s'ils sont dans la condition la plus misérable. Cette misère ne sera pas misère pour moi, si je la partage avec eux. Toute enfance est douloureuse par la dureté de la terre, l'indifférence de tous, la limite de la conscience. Que ce soit eux qui me donnent la chaleur, le pain et la pensée ! Qu'ils ne me tiennent pas rigueur si je n'ai pas pensé à eux après leur mort ! Qu'ils ne me rejettent pas comme ingrat ! Qu'ils prononcent trois fois à l'aurore les syllabes de mon futur nom pour que je sorte du monde des larves ! Que dans le berceau préparé, ils me reçoivent avec mes sombres pensées, mes curiosités inquiètes et mon enthousiasme impérissable ! Qu'ils mettent sur mes lèvres la parcelle de sel, qui accoutume au sel des larmes ! Comme je les choisis à l'heure du départ, qu'ils me choisissent à l'heure du retour !

Fin